山东大学儒学高等研究院科研成果
山东大学曾子研究所科研成果
曾子研究院科研成果
曾智明"曾子学术基金"科研成果

汉字中国

曾振宇　主编

Chinese
Characters

韩云忠

著

华夏出版社
HUAXIA PUBLISHING HOUSE

图书在版编目（CIP）数据

德 / 韩云忠著 . -- 北京 : 华夏出版社有限公司 , 2024.1
（汉字中国 / 曾振宇主编）
ISBN 978-7-5222-0280-8

Ⅰ . ①德… Ⅱ . ①韩… Ⅲ . ①汉字—通俗读物 ②中华文化—
通俗读物 Ⅳ . ① H12 - 49 ② K203 - 49

中国版本图书馆 CIP 数据核字（2022）第 003441 号

德

著　　者	韩云忠	
责任编辑	李春燕	
责任印制	周　然	

出版发行	华夏出版社有限公司	
经　　销	新华书店	
印　　装	三河市万龙印装有限公司	
版　　次	2024 年 1 月北京第 1 版	
	2024 年 1 月北京第 1 次印刷	
开　　本	880 mm×1230 mm　1/32	
印　　张	8.75	
字　　数	180 千字	
定　　价	59.00 元	

华夏出版社有限公司　地址：北京市东直门外香河园北里 4 号　邮编：100028
网址：www.hxph.com.cn　电话：（010）64663331（转）
若发现本版图书有印装质量问题，请与我社营销中心联系调换。

序

  《汉字中国》丛书即将付梓，主编曾振宇教授嘱我在书耑写几句话。我认为"汉字中国"是个好题，丛书的出版是件好事，摆到读者面前的是一套好书，振宇教授美意岂能却之？遂谨献鄙意如下。

  首先我想说，这是一套什么样的丛书。显然，它不是研究中国文字的学术丛书，而是在文字研究基础上通俗地讲述中国自有的文化哲学体系中一批重要概念的著作，是一套把汉字与它所承载的哲学概念如何紧密地融合起来这一独特的现象呈现出来的创新之作。

  丛书的编著者们认为"中国本土哲学与文化形态中的概念、文字和词语是中国哲学与文化的'结晶体'"。这是一个含义很深邃又很形象的比喻。这就意味着《汉字中国》将对中国哲学与文化的概念进行深入解读，探索其内涵和外延，从而发掘、展现中华文化与其哲学的精神、品质、性格的独特性，消解中国哲学与文化之双足只穿西方哲学之鞋履所带来的误解、困惑与尴尬。反过来看，通过对中国哲学与文化的认知和体验，又可以明了并深化对这些汉字形音义的来龙去脉、衍生变异以及遗存、渗透在现代汉语词汇中的文化基因的认识。或许这也是本套丛书冠以"汉字中国"之名的用意所在吧。

诚然,《汉字中国》所分析、论列的,大多是日常所用的字词,有些即使是"专门"词语,也已经为越来越多的人所习见;但是,由于种种历史的、社会的原因,今人也常常与这些字词的深意若即若离。而如果忽略了汉字在数千年传承、延绵、孳乳、变异过程中沉淀于后世语言形式里的传统文化意义,就会冷淡了中华文化的特性,很可能语言/概念发生"漂移"现象,不得已时只好乞灵于异质文化,从而难以形成阐述中华文化的中国话语体系。

"结晶体"这样一个形象而很有意趣的比况,更会引发读者的遐想:在这个"结晶体"里面,有着丰富多样的微观世界,中国文化的种种现象和思想都在有序地存在着、排列着。由此可以想见,《汉字中国》的筹划、酝酿、研究,用心良苦矣!我不由得又想到,《汉字中国》的影响所及,可能并不仅限于人文社会科学、哲学领域,即使在构建科学技术伦理、自然语言处理、人机对话、中外语言互译,乃至人工智能等领域,似乎也可以参考一下吧。

话说得远了些,就此搁笔。

忝谓之"序"。

2019 年 8 月 22 日

汉字
中国

◆

德

目录

第一章

"德"之探源 …………………………… 1

一、"德"之观念萌芽 …………………… 1

二、"德"之本义探幽 …………………… 4

三、制度之"德" ………………………… 14

四、"德"之伦理化 ……………………… 19

第二章

诸子百家之德 ………………………… 22

一、德不孤，必有邻 …………………… 22

二、仁义礼智根于心 …………………… 38

三、尊道而贵德 ………………………… 50

四、兼相爱，交相利 …………………… 66

五、礼者，人道之极也 ………………… 75

第三章

两汉时期之德 ···················· **86**

  一、道冰而为德 ···················· 86

  二、三纲五常之德 ···················· 98

第四章

魏晋时期之德 ···················· **112**

  一、名教本于自然 ···················· 112

  二、越名教而任自然 ···················· 123

第五章

南北朝、隋唐时期之德 ···················· **137**

  一、德为家庭教育之本 ···················· 137

  二、攘斥佛老，重立道统 ···················· 146

第六章

宋元明中叶之德 ···················· **155**

  一、诚为五常之本 ···················· 155

  二、得天理而用之 ···················· 164

  三、存天理，灭人欲 ···················· 180

  四、发明本心 ···················· 194

  五、致良知 ···················· 206

第七章

明末清初之德 ·· **218**

　一、是非无定论 ·· 218

　二、天下兴亡，匹夫有责 ························· 229

　三、继善成性 ··· 241

　四、唯实德论 ··· 254

参考文献 ·· **264**

第一章
"德"之探源

　　"德"是中国最古老的、最重要的概念之一。它在中华民族的形成、发展中发挥了重要的作用，对中华民族的文化特质、民族精神、政治秩序、宗教信仰、价值取向、人生追求、行为习惯等产生了巨大影响。梁漱溟认为，中国是以伦理为本位的社会。因此，要从根本上认识中国的政治、经济、文化、社会等，离不开对"德"的把握和理解。"德"之观念源于何时？何谓"德"之初义？"德"如何演化从而具有"道德"之意？关于此种问题之论，可谓众说纷纭。因此，有必要博采众家之所长，探赜索隐，以期正本清源。

一、"德"之观念萌芽

　　通过神话传说可以了解到，原始时期的人们已具有谦让、勇敢、诚实、质朴等美德。但是，这些"美德"只是后人的认识和归纳，当时人们还没有抽象出"德"的观念。据推测，一直到文明时代初期，严格意义上的"德"观念还只是处于萌芽阶段，并没有形成系统的伦理道德观念。

大致说来，在原始时代的早期和中期，不仅没有"德"的观念，而且连诸种美善或丑恶的德行观念也是不存在的。在很长的历史时期内，对于人们思想起支配作用的是原始宗教信仰，是原始思维状态下的泛神观念（图腾崇拜）[1]。《国语·晋语四》载：

> 黄帝以姬水成，炎帝以姜水成。成而异德，故黄帝为姬，炎帝为姜。二帝用师以相济也，异德之故也。异姓则异德，异德则异类。异类虽近，男女相及，以生民也。同姓则同德，同德则同心，同心则同志。同志虽远，男女不相及，畏黩敬也。

李玄伯先生认为，这里的"德"是指一种天生的事物，与性的意义相近。"性"与"德"这两字的发源不同，其实代表的仍系同物，皆代表图腾的生性。德与姓、类并提，异德、异姓、异类则男女可以婚配，同德、同姓、同类则男女不可以婚配，可见，同德者当属有着相同血缘关系的同一氏族[2]。因此，这种代表图腾生性的"德"，事实上就是指具有同一图腾的全氏族成员所共有的特性，并借以与其他氏族相区别，进而成为该氏族全体成员必须遵守的习惯法。

---

1 晁福林：《先秦时期"德"观念的起源及其发展》，《中国社会科学》，2005 年第 4 期。
2 李玄伯：《中国古代社会新研》，开明书店 1949 年版，第 184 页。

到了原始时代后期，随着私有观念的产生、贪欲和权势的出现，便有了构成"德"的诸因素的萌生。贪欲权势欲和大公无私、美与丑、善与恶、诚信和欺诈、勤奋和懒惰等等，这些形成鲜明对比的美德与恶德，都是相伴而生的，两者之间相互矛盾，又相互依存。因此，"德"是一个在人类历史发展过程中逐步形成的观念，并非自从人类出现就在人的头脑中所固有的。总之，随着生产力的发展、人的思维的演进和传说教化作用的增强，构成"德"的诸因素才开始萌生。集远古时代美德之大成的是彪炳史册的"五帝"。《国语·鲁语上》篇说："黄帝能成命百物，以明民共财，颛顼能修之，帝喾能序三辰以固民，尧能单均刑法以仪民，舜勤民事而野死。"[1]那个时代，美德的影响很大，相传"三苗不服，禹请攻之，舜曰：'以德可也。'行德三年，而三苗服"(《吕氏春秋·上德》)。舜作为一介平民而为天下主，相传就是靠了他的勤、孝、友、笃厚等美好品行。郭店竹简《唐虞之道》篇说"爱亲尊贤，虞舜其人也"[2]，就是对他美德的赞誉。可见，传说中他们都能够公而忘私，为民造福，历代为人们所传颂，实际上是为了推崇和学习他们的美德。可见，当时的传说已经在区分善、恶，为"德"观念的出现与形成逐步奠定了基础。

夏代是否已经出现了"德"之观念呢？由于至今尚无确凿材料为证，所以这个问题只能暂付阙如。《左传·庄公八年》载

---

1 《国语·鲁语上》，徐元诰：《国语集解》，中华书局 2002 年版，第 156—157 页。
2 荆门市博物馆编：《郭店楚墓竹简》，文物出版社 1998 年版，第 157 页。

《夏书》曰'皋陶迈种德，德乃降'"；《尚书·商书·汤誓》篇载商汤语有"夏德若兹，今朕必往"[1]的说法。《夏书》《商书》里的"德"都是指"德行"，属于"道德"范畴。然而，《夏书》《商书》理应为周人追忆古史之作，其中所表现出来的"尚德"理论应当是周人重德思想的表现。因此，不足以说明夏代"德"之观念问题。

二、"德"之本义探幽

据甲骨卜辞材料和可靠的文献记载，"德"字在商代已经出现，说明"德"的观念已露端倪。研究表明，商代"德"字虽已出现，但其含义并非"道德"之意，蕴涵的观念也有很大差异。甲骨文中有"𢔀""𡕥""𢓷"等字[2]，其主体部分与金文中"德"的主体部分相似。对于甲骨文中"𡂚"的训释主要出现了两类，一是训为省，一是训为直，围绕这两种释读，形成了对"𢔀"字的各种不同训释。但这种训释可以梳理为两大系统：一是"値"，以及省"彳"的"直"的系统，这两个字形（𢔖、𥄂）在添加"心"符之后，演变为后来的"德""悳"；二是"徣"以及省"彳"的"省"的系统，释"𢔀"为徣、眚、循皆属于同一系统[3]。围绕着这两大系统，分别形成了"立杆测影说""目视于途

---

1 阮元校刻：《十三经注疏·尚书正义》，中华书局1980年版，第1765，160页。

2 中国社会科学院考古研究所编辑：《甲骨文编》（考古学专刊乙种第十四号）。

3 郑开：《德礼之间——前诸子时期的思想史》，生活·读书·新知三联书店2009年版，第51页。

说""宗教祭祀说"和"省方说"等。

要把握"㳂""彳"的初义，对"囬"的理解是关键，因为学者对"彳""彳"的理解分歧不大，认为是表示"行"，罗振玉《殷墟书契考释》说"行，象四达之衢，人之所行也"，大致为交叉路口或人群聚集的场所。至于"囬"，一部分学者训"囬"为"直"，一部分学者训"囬"为"省"；而对"直"的理解又有较大分歧，从而产生了不同认识。

1. 立杆测影说

"立杆测影说"认为，直(drjək)和德(tək)音韵相近，皆属于上古音职部[1]。在郭店竹简《五行》《唐虞之道》等文本中，直、德皆通用[2]，故"直"应为"德"之字源。卜辞"直"字构形为一只眼睛上连一中心垂直线（图1a），金文加"乚"符，并于直线上加点为饰（图1b），再变而成为"十"（图1c）。《说文》收一古文，"直"下加"木"符（图1d），即"植"字的不同形构，释云："直，正见也。"[3]但"正见"已是引申义，其本义可能为立直木以观测日影及其他天体[4]。《荀子·君道》云："譬之是犹立直木而恐其景之枉也，惑莫大焉。""譬之是犹立枉木而求其景之直也，乱莫大焉。"[5]"直木"，应即《淮南子·俶真训》所称"景柱"，《周髀

1　李方桂：《上古音研究》，商务印书馆2003年版，第37页。

2　荆门市博物馆编：《郭店楚墓竹简》，第150，157—158页。

3　许慎撰：《说文解字注》，浙江古籍出版社2006年版，第634页。

4　贾晋华：《道和德之宗教起源》，《中国文化研究》2012年夏之卷，第87页。

5　杨倞注：《荀子》，上海古籍出版社2010年版，第145页。

算经》所记"立竿测影"之木杆，又称为"表""髀""杙""臬"，为最古老的天文观测仪器[1]。英国著名科学史学家李约瑟说："在所有的天文仪器中，最古老的是一种构造简单、立在地面上的直杆，至少在中国可以说是如此。这杆子白天可用来测太阳的影长，以定冬夏二至，夜晚可用来测恒星上中天，以观测恒星年的周期。"[2]中国古人将一根木杆垂直立于地面，观测它在阳光下投在地面上的影长，或利用系在它顶端的细绳，由人目、表顶、天体三点连成一直线，对天体如恒星等进行观测。此类观测活动与由眼睛加直线与"直"字的初文（即""）构形正相吻合[3]。

a. 甲骨文合集 22048 　　　　b. 西周恒簋

c. 战国侯马盟书 　　　　　　d. 说文古文

图 1 　"直"字演变图

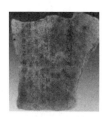

图 2 　西周恒簋　　　　　　图 3 　战国侯马盟书

为观测天象而竖立的表杆，必须垂直中正地建立于平地，方

1 　贾晋华：《道和德之宗教起源》，《中国文化研究》2012 年夏之卷，第 87 页。

2 　［英］李约瑟：《中国科学技术史》（第四卷《天学》），科学出版社 1975 年版，第 259 页。

3 　贾晋华：《道和德之宗教起源》，《中国文化研究》2012 年夏之卷，第 87 页。

能获得正确的观测数据。《周礼·冬官考工记·匠人》载："置槷以县，视以景。"郑玄注："于所平之地中央，树八尺之臬，以县正之，视之以其景，将以正四方也。"贾公彦疏："欲取柱之景，先须柱正。欲须柱正，当以绳县而垂之于柱之四角四中，以八绳县之，其绳皆附柱，则其柱正矣。"[1]观测星宿位置时立于中央的表杆即称为"中正表"[2]。于是"直"和"正""中正""正中""正视""端正"成为同义词，并常与"正"结合而成"正直"一词。如《诗·魏风·硕鼠》云："乐国乐国，爰得我直。"郑玄笺："直，犹正也。"郭店竹简《五行》云："中心辩然而正行之，植（直）也。"[3]《韩非子·解老》云："所谓直者，义必公正，公心不偏党也。"

在先民看来，北极星及其他日月星辰都是天神，因此，竖立垂直表杆观测天象是沟通神人的通道。于是，"直"可能进一步延伸为指天帝／天道正直无私的特性和品质。《申子》曰："天道无私，是谓恒正。"《周易·观卦象辞》云："中正以观天下。"此谓圣人应模仿天帝的中正以观临天下，如《诗·小雅·小明》所云："明明上天，照临下土。……靖共尔位，好是正直。神之听之，介尔景福。"《鹖冠子·环流》云："惟圣人究道之情，唯道之法，公政以明。"此"道"指天道，"政"通"正"，谓圣人应仿效天道，推行公正的政治。《韩诗外传》云："正直者顺道而行，顺理而言，公平无私。"

1　郑玄注：《周礼注疏》卷四十一，上海古籍出版社 2010 年版，第 1344 页。
2　《周髀算经》，上海古籍出版社 2012 年版，第 93 页。
3　荆门市博物馆编：《郭店楚墓竹简》，第 150 页。

总之，"德"字由"直"加上"行"符而构成，一方面与"直"同源通用，表示立垂直表杆于平地以观测天象，引申为代表天神／天道之正直无私的美德；另一方面具有了动词义，代表天神／天道正直无私的权威运行。如同道之本义指天道，德之本义亦指天德[1]。出自郭店和马王堆的两种《五行》皆云："善，人道也；德，天道也。"[2]天最大的美德和功绩是生生不已、化育万物，如《周易·系辞》云："天地之大德曰生。"《道德经》云："生而不有，为而不恃，长而不宰，是谓玄德。"《韩非子·解老》云："德者，道之功。"《吕氏春秋·去私》云："天无私覆也，地无私载也，日月无私烛也，四时无私行也，行其德而万物得遂长焉。"这些不同文本的记述皆以天道之无私运行、养育万物为天德之施行，点明德之本义。

2. 目视于途说

"目视于途说"认为，从字形来看，甲骨文中的"德"由两部分构成，即"彳"和"直"，隶定为"徝"。孙熙国等认为，甲骨文中"德"的初义主要是由"直"决定的，"直"的甲骨文为" "，意为"眼睛直视前方"。《说文·乚部》云："直，正见也。从乚，从十，从目。""直"的字形是"目"上一竖，目之所视犹如直线一般，由此取义，乃为"正见"也。张日昇认为："直字象目前有物象，目注视物象，则目与物象成一直线，故得直义。物象以一

---

1 贾晋华：《道和德之宗教起源》，《中国文化研究》2012 年夏之卷，第 90 页。

2 《马王堆汉墓帛书》，第 19 页；《郭店楚墓竹简》，第 149 页。

竖表之，处目之上作直者，非谓物象在目上，乃谓在目之正前也。《说文》训直为正见，即此之谓也。"[1]"直"之本义应为"目视"，"彳"即行，《尔雅·释官》云："行，道也。"可见，德之本义是"目视于途""择路而行"[2]。

同时，"直"包含着视的方向是"正前"的意思，昭示了"德"所具有的升、登的方向性，也昭示出"目视于途""择路而行"时该如何视、如何行。陈来说："德的原初含义与行、行为有关。"[3]晁福林说："甲骨文'德'写作从行从横目之形，其所表示的意思是张望路途，人们看清了路而有所得。"[4]可见，从甲骨文"德"之字形来看，其本义为"目视于途""择路而行"，由此初义稍加引申，就有了直道而行、正前行进的含义，又进而引申出"升""登"的意蕴。

因此，"目视于途说"认为，"德"的本义是"目视于途""择路而行"，由此引申出来的"德"的较早的含义是"直行""升""登"。自许慎《说文》以降，学者多认为"升"为"德"之本义，这是不妥的。"直行""升""登"虽然是离"德"的本义最近的义项，但毕竟不是"德"之本义。与"德"的本义紧密联系在一起的"德"的另一含义为"得"。最早把"德"和"得"明确联系在一起的先

---

1 周法高主编：《金文诂林》，香港中文大学出版社 1974 年版，第 989 页。

2 孙熙国，肖雁：《"德"的本义及其伦理和哲学意蕴的确立》，《理论学刊》，2012 年第 8 期。

3 陈来：《古代宗教与伦理——儒家思想的根源》，生活·读书·新知三联书店 1996 年版，第 291 页。

4 晁福林：《先秦时期"德"观念的起源及其发展》，《中国社会科学》，2005 年第 4 期。

秦典籍是《管子》和《礼记》。《管子·心术上》云："德者，道之舍，物得以生生，……故德者，得也。"《礼记·乐记》云："礼乐皆得，谓之有德。德者，得也。"但是"得"是"德"在后来的使用过程中增加的引申义，并不是"德"之本义。

3. 宗教祭祀说

"宗教祭祀说"认为，"德"字初义与宗教祭祀有关，表达对天神地祇或祖先的崇拜敬仰之情。甲骨文中的"德"由两部分构成，即"彳"和"直"。古"直"字有"直视"之意，或者可能是"向上直视"，美国学者唐纳德·J. 蒙罗以为"![字]"字"很可能涉及与看有关的宗教活动；也许是臣民仰视着天上的祖先"[1]，徐中舒先生更是认为"德"或为祭名[2]。陈晨捷等认为，"![字]"乃一目凝视上方之状，而"![字]"则大概为巫者进行巫术活动的场所或行为。唐纳德说："'德'在商代的前身主要表示向身居高位的部落祖先'讨教'（字面意思是仰视）该做什么，即询问在一个具体情境中神对人有什么要求。"[3]李泽厚认为："（德）大概最先与献身牺牲以祭祖先的巫术有关，是巫史所具有的神奇品质。"[4]可见，这些学者认为"德"与巫术活动有关，主要是指巫师通天或降神的巫术行为以及从中表达的对天神地祇的崇拜敬仰之情。古人以为天神的居所在天上，而巫者能通过各种渠道与上天沟通，一个重要

1　［美］唐纳德·J. 蒙罗：《早期中国"人"的观念》，上海古籍出版社1994年版，第193页。

2　徐中舒编：《甲骨文字典》，四川辞书出版社1998年版，第169页。

3　［美］唐纳德·J. 蒙罗：《早期中国"人"的观念》，第194页。

4　李泽厚：《己卯五说·说巫史传统》，中国电影出版社1999年版，第53页。

的渠道即高山。徐旭生说："（天地）交通的道路就是靠着'上插云霄'的高山。"[1]因此，"✳"中目上"丨"很可能表示通天神居所之高山以及仰望高山表达出的敬仰之情。古人认为，高山是诸神圣常游之地，因为它离天不远，由此可以登天或至帝都。《山海经》云："巫咸国在女丑北。……在登葆山，群巫所从上下也"，"海内昆仑之虚……帝之下都……非仁羿莫能上冈之岩"（《海内西经》）；"华山青水之东有山，名曰肇山。有人名曰柏子高。柏高上下于此，至于天"（《海内经》）。

4.省方说

闻一多、王襄、郑开等认为，将"✳"中之"✳"训释为"省"，更符合甲骨卜辞的语境。甲骨卜辞中常出现"✳方"一词，因此，可将其训释为"徝方""省方""陟方"等。所以说，如果将"✳方"一词与源自遥远古代的巡省制度联系起来，似乎更符合卜辞语境。因此，将"德"与中国古代的"省方"制度联系在一起，或许更有利于对"德"之本义的探寻。

王襄首先提出卜辞中常见的"✳方"就是文献中习见的"省方"。他说："省方，见于《易·观》'先王以省方，观民设教'。又《复》'后不省方'。省方，即《尚书·尧典》巡守之礼。"[2]闻一多继踵王襄，经过严谨考证，认为无论是"省南国""省南鄙（亩）"，还是"✳方"，都有巡行、征伐的意思，即包括巡视、田

---

1 徐旭生：《中国古史的传说时代（增订本）》，文物出版社1985年版，第79页。

2 于省吾主编：《甲骨文字诂林》（第3册），中华书局1996年版，第2251页。

猎和征伐三个方面，这三个方面也许和古代政治军事制度有关[1]。日本学者小仓芳彦受到闻一多的启发，进一步论证了"德"与巡省制度的关系。他说："'德'原来与王者所进行的'省'（巡省）的制度有关，是……为征发谷物与兵赋而巡行，有时巡行转为征伐，而当对方屈服时则饶恕。这种统治方式，好像可以追溯到殷末，同时它也是迄至春秋中叶诸侯扩张势力所使用的手段。但是，战国以降，由于实施所谓郡县制，这种统治方式逐渐被取代。"[2]

　　研究表明，巡省制度是先秦时期一种非常典型的军事和政治制度，源于远古时代。传说尧舜禹时代已开始进行一定规模、时间固定的巡守活动。《史记·五帝本纪》记载："（舜）践帝位三十九年，南巡狩，崩于苍梧之野。""巡狩"亦即"巡守"，因为"狩""守"二字通假。金文里的"遹省"和"省方"其实就是指巡视、巡守国邑的政治、军事制度，如《尔雅·释诂》释"遹，循也"，又如《说文》云："省，视也。"据记载，西周有几个王都曾进行过大规模的巡守活动。据说，周昭王南巡，而死于汉水。最著名的是周穆王的西巡，声势浩大，后人据此而写成《穆天子传》。春秋时期，五霸代兴，其中一项最重要的称霸方式是"会盟"，会盟可以说是古代天子巡守制度的孑遗[3]。因此，甲骨卜

1　郑开：《德礼之间——前诸子时期的思想史》，第 136 页。

2　［日］小仓芳彦：《〈左传〉中的霸与德——"德"概念的形成与发展》，刘俊文编，许洋主译：《日本学者研究中国史论著选译》（第七辑），中华书局 1993 年版，第 78—79 页。

3　孙董霞：《先秦"德"义新解》，《甘肃社会科学》，2015 年第 1 期。

辞的"𢔬方"即"省方",很可能指的是商王的巡守活动。甲骨文的"𢔬"应该是"德"字的前身。刘桓认为,卜辞中的"𢔬方"应释读为"德方",而"德方就是殷王到方国的巡守,德方须带武装,一方面是为了保护殷王及贵族的人身安全,另一方面这种巡视也有炫耀武力及镇抚性质,殷王凭借军事力量,对于一些较小的方国临之以武,即可达到使其臣服的目的"[1]。郑开也认为:"从制度分析的层面上说,经籍所载的'省方'、'巡狩'其实就是'德'的政治原则的制度表达。"[2]究其原因,郑开进一步指出,"遹省"和"省方"作为一种政治、军事方式,之所以不同于"征伐",就是因为它容纳更多的怀柔层面,渗透了更多的政治理性。这种政治理性有力地促进了人文精神和道德原则的成熟开展。因此,"遹省"和"省方"制度设施也许正是触发了"德的思想"的关键环节和重要步骤,其中包含的政治理念恰恰是周初"德政"的基本意涵。《左传·庄公二十六年》云:"天子非展义不巡狩。"可见,"德义"应该是"巡狩"制度所由以设置的精神基础。因此,融合了文化策略的政治军事制度(巡省),其背后不但有"德"的精神在推动,而且也是"德"的精神不断发展的制度基础,这些制度设施与当时的人文理性的发展互为表里[3]。

---

1 刘桓:《殷代"德方"说》,《中国史研究》,1995 年第 4 期。
2 郑开:《德礼之间——前诸子时期的思想史》,第 51—52 页。
3 郑开:《德礼之间——前诸子时期的思想史》,第 154 页。

总之，"立杆测影说""目视于途说""宗教祭祀说"和"省方说"从不同侧面揭示了"德"之本义，具有一定开创性和启发性，对于人们全面深入认识和把握"德"之复杂、深邃的本义具有重要价值。

三、制度之"德"

从字形来看，周代彝铭中的"德"字大异于甲骨文之处，是它绝大部分的字都带有"心"的偏旁。"德"字从"心"，也就意味着"德"观念带有了更多的理性思考色彩。

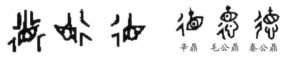

辛鼎　毛公鼎　秦公鼎

图 4 "德"字甲骨文　　　　图 5 "德"字金文

图 6 辛鼎　　　　　图 7 毛公鼎　　　　　图 8 秦公鼎

周革殷命的巨变让周人开始反思天人关系，经过思考，他们意识到天命"靡常"，并非"不僭""不易"，天命的改变是以王者之"德"为根据的。周人强调的"德",内容主要是"保民"和"惠民",而"保民"和"惠民"也是为了得到天命。可见,周人的目光虽从天上向人世转移,不过仍没有脱离天命,其反复强调"明德""敬德",最终还是为了得到天命。"小邦周"继承了"大邦殷"的天命思想,但改变了殷人无条件得到天命的观念,提出"皇天无亲,惟德是辅"的新观念,并反复强调统治者要"敬德保民""明德慎罚"。因此,周人的"德"观念主要体现在四个方面:一是敬天,"敬德保民"中的"敬德"主要是指敬畏、顺从天命、天德;二是敬祖(宗),周人认为是祖先的优良品格使得周人得到上天的眷顾。《诗经·大雅·生民》记载的是周之初祖后稷开创周族生活的艰辛历程,相传后稷为帝喾元妃所产之子,当与尧舜、夏禹同世,诗中歌颂了后稷从事农业劳动的场景,"诞实匍匐,克岐克嶷,以就口食"的描述就充分说明了后稷辛勤劳作,正是这种勤劳的品格换来了姬周部族的昌盛。特别是文王做到"明德慎罚""敬德保民",从而使周人得到上天的眷顾,战胜殷商,统治天下。《诗经·大雅·大明》云:"有命自天,命此文王,于周于京。"又:"维此文王,小心翼翼。昭事上帝,聿怀多福。"三是"慎罚"和"保民"。春秋时期,申公巫臣对楚庄王云:"《周书》曰:'明德慎罚。'文王所以造周也。明德,务崇之之谓也;慎罚,务去之之谓也。"[1]"明德"与"慎罚"相对成义,"明德"谓之"崇之","慎罚"谓之"去之"。"保民"是在"明德慎罚"前

---

1 《左传》成公二年。按,所引《周书》见于《尚书·康诰》。

提下让民众有所得，得到照顾和好处。可见，周人之"德"不仅指统治者自己得到天命，亦推己及人，让民众也有所获取。周人的"德"包含了让民有所得的新内容，这就从"德"中发展出"给予"之义 [1]。四是德操。文王的"明德慎罚""敬德保民"之举使普通民众都受到他的恩惠，"文王蔑德，降于国人"（《尚书·君奭》），"仪刑文王，万邦作孚"（《诗经·大雅·文王》），文王成为民众敬仰的楷模，"文王尚克修和我有夏"（《尚书·君奭》），是文王的高尚德操让他得到了天命。这些德操非自天命所得，而是文王自身所具有的。就文王之"德"的内涵而言，"德"于此已开始涉入道德范畴，初步具有德性之含义。

值得注意的是，"德"在西周初年并非表现在心性和精神的道德之"德"，而主要体现为"制度之德"。当时，人们所理解的"德"在很大程度上源自制度，体现于礼的规范。国学大师王国维对此曾有深刻分析，他在《殷周制度论》中说：

> 周人制度之大异于商者，一曰立子立嫡之制，由是而生宗法及丧服之制，并由是而有封建子弟之制、君天子臣诸侯之制；二曰庙数之制；三曰同姓不婚之制。此数者，皆周之所以纲纪天下，其旨则在纳上下于道德，而合天子、诸侯、卿、大夫、士、庶民以成一道德之团

1　刘鹤丹：《〈老子〉思想溯源》，巴蜀书社2012年版，第63页。

体……故知周之制度、典礼，实皆为道德而设……周之
制度、典礼乃道德之器械，而尊尊、亲亲、贤贤、男女
有别四者之结体也，此之谓民彝。[1]

陈来认为："周公制礼作乐等全部制度建设，其最终目的是
要落实为以一套道德原则组织成一道德的团体。"又说："周人明
确意识到君主的个人德行与政治的道德性格对维持政治稳定性的
重要作用。周人一开始就是从'小邦周'（对于'大邦殷'）的
道德性来确立其取代商殷的合法性。的确，这一方面是一个小邦
何以战胜大邦的历史经验的解释，而这种解释，在另一方面，也
同时构成了周人理解的政治领域的根本通则——它同样适用于周
人自己。"[2]晁福林对此进行了深入分析，他认为："从后世的'道
德'概念角度看，王国维的论断可以说是有问题的，因为作为伦
理层面的'道德'，其内涵指的是人的精神、操守，与制度有着
本质的区别。可是，应当特别指出的是，周人的观念与今天的人
们有着不小的差异，周人是将制度与道德融为一体的。在周人看
来，制度体现着道德，道德规范着制度，两者合二而一。"[3]晁福
林的观点颇为中肯。西周的"德"虽含有德操的意义，如《尚
书·康诰》述文王之德，"惟乃丕显考文王，克明德慎罚，不敢

1　王国维：《观堂集林》卷第十，河北教育出版社 2001 年版，第 301—302 页。
2　陈来：《古代宗教与伦理——儒家思想的根源》，第 195，296 页。
3　晁福林：《先秦时期"德"观念的起源及其发展》，《中国社会科学》，2005 年第 4 期。

侮鳏寡，庸庸，祇祇，威威，显民"，但文王之"德"仍然是从政治角度着眼，而不是从人的内心出发，而且周公反复告诫康叔谨记的文王之德，并非从人的内在精神层面，而更多的是体现于外在规范上。因此，西周的"德"仍然外在于人，未深入人的内心精神领域，强调的是德行而非德性。德性即道德品性，是德的内在本质属性；德行即道德品行，是道德的外化，强调的是道德行为。因而，周人所崇尚的德行具体到实际生活就变成了行为规范，此种行为规范就成了人们日常的行为习惯，成为各种礼仪[1]。当然，周初的统治者为了保持他们的"得"（得天命），面对殷末的混乱局面，必定采取有效措施安定政权，这些有效措施归纳起来就如王国维所说周人大异于殷的三项制度革新，其中最重要的是分封制和宗法制。实施这些制度的根本目的是以德政保持天命，所以周人的"德"与制度紧紧相连，或者说是用制度体现"德"之观念。

　　总之，西周的"德"与礼乐制度密不可分，制度是"德"的表现形式，"德"是制度的原则和根据；西周时期的"德"，其道德操守（德性）的内涵还很隐晦，主要指以礼乐为特征的制度规范，对人来说仍是外在的。因而，西周之"德"可谓"制度之德"。

1　刘鹤丹：《〈老子〉思想溯源》，第 68 页。

四、"德"之伦理化

春秋以降，周室衰微，诸侯争霸，三代以来建立在原始宗法制度基础上的礼乐制度日趋瓦解，社会生活陷入混乱无序之中，如何安身立命成为春秋时期人们日益关注的根本问题，人们无论是对天人关系的思考还是对"德"的思考都进入一个新的阶段。"德"在这时发展成为以"心性"为依据、以伦理为本位、融哲学、政治、伦理为一体的观念[1]。

首先，虽然春秋初期人的理性得以发展，但是这时"德"的本原归属仍然被看作是天命。据《左传·宣公三年》记载："楚子问鼎之大小轻重焉。（王孙满）对曰：'在德不在鼎……周德虽衰，天命未改，鼎之轻重，未可问也。'"可见，尽管周王室日趋衰落，各国诸侯群起争霸，楚庄王率军"观兵于周郊"[2]，炫耀武力并且询问鼎之大小，然而王孙满回答"周德虽衰，天命未改"，这就在明确告知诸侯们周王室仍旧是天下的共主，因为"周德"虽衰，但并未丧尽，故天命未变。其次，春秋时期，"保民"依旧是"德"的重要内容之一。《左传·隐公四年》载："众仲对曰：'臣闻以德和民，不闻以乱。'"《左传·僖公二十四年》载："富辰谏曰：'不可。臣闻之，大上以德抚民，其次亲亲以相及也。'"《左传·襄

1　刘辉：《先秦儒家哲学中"德"的基本内涵阐释》，《北方论丛》，2006 年第 5 期。

2　司马迁：《史记·楚世家》，《史记》（五），中华书局 1982 年版，第 1700 页。

公七年》亦云:"公族穆子曰:'恤民为德,正直为正,正曲为直,参和为仁。如是,则神听之,介福降之。'"这些都体现了春秋时期"德"的重要内容之一是"和民""恤民",对民众的态度是"德与非德"的分水岭。再次,春秋时期的"德"不仅指德行,而且"德"从外在的行为规范向人的内在精神品质发展。从"敬德"发展出以敬为德,并生发出恕、俭、忠、信、让等德目。《左传·隐公十一年》云:"恕而行之,德之则也,礼之经也。"《左传·僖公三十三年》云:"初,臼季使过冀,见冀缺耨,其妻饁之。敬,相待如宾。与之归,言诸文公曰:'敬,德之聚也。能敬必有德,德以治民,君请用之。臣闻之,出门如宾,承事如祭,仁之则也。'"《左传·文公元年》亦云:"忠,德之正也;信,德之固也;卑让,德之基也。"可见,德具有了明显的内在心性和精神品质的属性。又次,春秋时期,人们意识到无论对国家还是对个人,德都是重要的。对国家而言,德是国家的基础,君主若无德就会失去国家,自身也将灭亡;国家若无德而得到好处,灾祸就将降临。《左传·襄公二十四年》载:"子产寓书于子西,以告宣子,曰:'德,国家之基也。有基无坏,无亦是务乎!有德则乐,乐则能久。'"《左传·僖公十四年》载:"冬,秦饥,使乞籴于晋,晋人弗与。庆郑曰:'背施无亲,幸灾不仁,贪爱不祥,怒邻不义。四德皆失,何以守国?'"《左传·襄公八年》亦载:"子产曰:'小国无文德,而有武功,祸莫大焉。'"对个人而言,德能使人获得不朽。《左传·襄公二十四年》载:

　　二十四年春，穆叔如晋。范宣子逆之，问焉，曰：
"古人有言曰：'死而不朽'，何谓也？"穆叔未对。宣
子曰："昔匄之祖，自虞以上，为陶唐氏，在夏为御龙
氏，在商为豕韦氏，在周为唐杜氏，晋主夏盟为范氏，
其是之谓乎？"穆叔曰："以豹所闻，此之谓世禄，非不
朽也。鲁有先大夫曰臧文仲，既没，其言立。其是之谓
乎！豹闻之，大上有立德，其次有立功，其次有立言，
虽久不废，此之谓不朽。若夫保姓受氏，以守宗祊，世
不绝祀，无国无之。禄之大者，不可谓不朽。"

　　范宣子认为，他的祖先从虞、夏、商、周以来世代为贵族，
家世显赫，香火不绝，这就是"不朽"。叔孙豹则以为不然，他认
为这只能叫作"世禄"而非"不朽"。在他看来，真正的不朽乃
"立德""立功""立言"，虽久不废，此之谓"三不朽"。而居于首
位的便是"立德"，由此可见当时人们对"德"的重视程度。

　　总之，在继承西周之德的基础上，春秋时期"德"的内涵有更
多的丰富和发展。人们对"德"价值的理解也更理性和深刻，这也
为春秋战国时期儒家、道家、墨家、法家等"诸子百家"之"德"
思想的产生奠定了理论基础，成为各家"德"之学说的思想渊源。

第二章
诸子百家之德

一、德不孤，必有邻

孔子，名丘（前551—前479），字仲尼，春秋时期鲁国人。孔子编撰了我国第一部编年体史书《春秋》（另有说《春秋》为无名氏所作，孔子修订）。据有关记载，孔子出生于鲁国陬邑昌平乡（今山东省曲阜市东南的南辛镇鲁源村）。孔子出生后不久，父亲叔梁纥就去世了，母亲颜氏去世得也早，故家境贫寒。幼年时，孔子常摆弄一些盘盘碗碗，模仿祭祀行礼，作为游戏。年轻时，孔子做过一些小吏，做过管仓库的"委吏"，也做过管放牧的"乘田"，都做得很好。仓库管得井井有条，牛羊养得膘肥体壮。孔子自己说："吾少也贱，故多能鄙事。"（《论语·子罕》）贫贱的家境使孔子学会了许多本领。三十岁的时候，孔子学有所成，便开始招收徒弟，开办私学。三十五岁的时候，鲁国内乱，孔子离开鲁国到齐国，齐景公问政于孔子。五十一岁的时候，孔子在鲁国出仕，从政当官，官至大司寇。后来孔子受到排挤，于是决定离开鲁国，从此他便开始了长达十四年周游列国的生活。他去过当时的卫国、曹国、宋国、陈国、蔡国等地，宣传自己的政治主张，但不为当政者所采纳，历经磨难，仍坦然处之。孔子六十八岁的时候返回鲁国，后专注于教育，一直到公元前479年，死于鲁国，享年七十二岁。孔子葬于曲阜城北泗水之上，即今日孔林所在地。孔子的言行思想及事迹主要载于语录体散文集《论语》及司马迁的《史记·孔子世家》。

　　孔子之思想承袭于西周的礼乐文化传统，"周监于二代，郁郁乎文哉！吾从周"（《八佾》），而这种文化传统是以德之观念和宗法观念为核心的，"周之德，其可谓至德也已矣"（《泰伯》）。周人视"敬德保民"为赢得天之眷顾、保持政权长久的重要依据和条件。经过春秋时期人文先驱的发展，德之思想进一步丰富成熟，已初步具备现代道德内涵，并开始与人的内在精神品质紧密联系。在此基础上，孔子继承发展了德之思想，系统阐发了德之伦理意蕴，丰富和完善了德之内涵，使中国的伦理思想发展到一个新的层次。在中国伦理思想的发展中，孔子起到了承前启后的重要作用。孔子对德之思想的丰富和发展，形成了蔚为大观的德之思想体系，并对中国社会政治文化生活等方面产生了广泛而又深远的影响。孔子德之思想主要体现于道、仁、礼、君子、德政等方面。

1. 德得于道

　　受春秋时期人文思想的影响，孔子对"德"的理解，逐渐从

"天德"转为"人德";同时,可能主要受老子的影响,孔子对"道"与"德"关系的认识发生了转向。据《史记》记载,孔子曾到周天子所在地洛邑去见老子,就有关礼的问题向老子请教。老子说:"你所讲的这些都是前人先辈流传下来的,这些人的骨头早都已经腐朽了,只有他们说过的话还在流传。而且君子有机会的时候就要一展宏图,生不逢时就要像蓬草一般随风旋转。我听说,精明的商人将珍宝深藏起来而不露声色;君子有高深的道德,而外貌却看起来好像很愚笨的样子。去掉你的骄傲之气和各种欲念,以及各种不切实际的想法,这些都不利于你的身心发展。我所能告诫你的,只有这些而已。"孔子回到鲁国后,众弟子问见到老子的情形。孔子感慨地说:"鸟,我知道它们善飞;鱼,我知道它们善游;兽,我知道它们善于奔走。对于鸟,可以用箭射它;对于鱼,可以用网捕捉它;对于兽,可以用陷阱擒获它;至于天上的龙,我不知道龙的形状,也不知道它是怎样乘着风飞上天的。我今天看见了老子,就像见到了龙一样啊!老子,真不愧是我的老师啊!"

孔子对"道"的理解主要有两方面:一是天道。孔子曰:"朝闻道,夕死可矣。"(《里仁》)早上听见道、明白道,即使晚上死去也不会觉得有丝毫的遗憾。从对道的态度中可以看出,他把道视为人应毕生追求的绝对真理,道即宇宙的本原、特性及规律,也即"天道"。二是得于"天道"的德性和正义。"道之将行也与,命也。道之将废也与,命也。"(《宪问》)孔子认为,道德与正义

的实现与消亡与否，是由天命（道）所定，任何个人的力量对此
都是无能为力的。据记载，在周游列国期间，在从卫国经宋国去
陈国的途中，孔子及其学生们遭到了宋国无恶不作的大官僚桓魋
蓄谋已久的围困。在此期间，当学生们向孔子表示他们对于他的
安全的深刻忧虑并希望他能和桓魋达成某种妥协时，孔子说了这
样一句话："天生德于予，桓魋其如予何？"（《述而》）在这里，
孔子表达了对于自我德性高度的自觉和自信。他认为，自身德性
源自天（道），只要保持自身的德性，就是顺从了天道。顺天道
而行，就可问心无愧，即使面临危境，亦无所畏惧。"德不孤，
必有邻。"（《里仁》）孔子用此句表达了对美德的坚定信心和乐观
态度。在谈到道与德的关系时，孔子说："志于道，据于德，依于
仁，游于艺。"（《述而》）朱熹注曰："德者，得也，得其道于心
而不失之谓也。"[1]大（天）道无形，为宇宙之根本特性，故为人所
崇仰（志于道）；德是人品性之凝结，是得天道而成之性。可见，
孔子认为，德源于道（天或天道），是道之特性在人身上的体现和
凝结。

2. 以仁释德

西周末年，礼乐制度受到了破坏，人们对礼乐制度的信仰出
现动摇。而对作为礼乐制度内在本质的"德"之理念的信仰出现
动摇是"礼崩乐坏"的根本原因。面对西周以来的最大的价值观

1　朱熹：《四书章句集注》，中华书局 1983 年版，第 94 页。

念和信仰危机，孔子准确地抓住了问题的实质 [1]，把殷周以降盛行的"德"思想从统治者用以救济自身合法性的意识形态，变为"士人"对个人品质、人生意义和社会秩序的价值诉求。他的理路是向内寻求，引仁入礼，以仁释德，赋予礼乐以仁的精神内核，以仁充实、深化德的内涵。

在孔子的思想中，仁既是人之为人的根本道德要求，也是人生道德境界的最高追求。仁的基本内涵是"爱人"。对于要爱的人，孔子坦言："弟子入则孝，出则弟，谨而信，泛爱众，而亲仁。"（《学而》）一个人应该敬爱父母，友爱兄弟，关爱朋友，并从而推衍出爱社会上其他的人。孔子所讲的仁爱，不是无差别之爱，而是以"孝悌"为核心和根本的差等之爱。"孝弟也者，其为仁之本与！"（《学而》）父母有生养之恩，兄弟情同手足，因此，敬爱父母、友爱兄弟是人之常情、本性使然，也是爱其他人的前提和基础。所以，孔子视"孝悌"为仁之根本，仁则是为人之本。同时，仁也是人生道德的最高追求。孔子说："志士仁人，无求生以害仁，有杀身以成仁。"又说："民之于仁也，甚于水火。水火，吾见蹈而死者矣，未见蹈仁而死者也。"（《卫灵公》）孔子从正反两方面说明，作为真正的仁者，不会为了求生而害仁，相反会（或应该）杀身成仁、蹈仁而死。可见，他认为，仁比人的生命还要重要，因为丢掉仁，人难以成人；人生的追求应是成仁。

1　姜志勇：《前孔子时代之"德"观》，载陈明等主编：《原道》第十六辑，首都师范大学出版社 2010 年版，第 63 页。

仁既是个体德性自觉的体现，也是德性修养的目标。孔子不轻易许人以仁，并认为自己不具备仁的资格。可见，在孔子心目中，仁的标准是比较高的。但是，孔子又强调，人作为道德主体是有能动性的。"仁远乎哉？我欲仁，斯仁至矣。"（《述而》）仁德离人们很遥远吗？不是的，只要人们怀着对仁爱、正义和道德的欲求，并去追求仁爱、正义和道德，仁德就会不期而至。因此，如果一个人把仁德作为孜孜以求的目标，则会主动存善去恶，自然会远离罪恶。"苟志于仁矣，无恶也。"（《里仁》）孔子认为，要真正达到"成仁"的境界，德性自觉是基础，除此之外还需要坚持不懈的精神和持之以恒的修养。"君子无终食之间违仁，造次必于是，颠沛必于是。"（《里仁》）"士不可以不弘毅，任重而道远。仁以为己任，不亦重乎？死而后已，不亦远乎？"（《泰伯》）只有像君子那样每时每刻都不违仁，像士那样"以仁为重任""死而后已"，才能最终达成仁的目标。

仁既是诸多德行的统一，也是德行评价的准绳。孔子之仁可具体表现为诸多德行和德性。子张曾问仁于孔子，孔子说做到公平正义、宽宏大量、诚实无欺、勤于思考、互利互惠五种德行，就是仁了。在谈到如何达到仁时，孔子说："夫仁者，己欲立而立人，己欲达而达人。能近取譬，可谓仁之方也已。"（《雍也》）这是从积极方面来讲的，即自己有某种要求需要满足，推想他人也有某种要求需要满足，这是所谓的"忠"。从消极方面来说，则是"己所不欲，勿施于人"（《颜渊》），即自己不需要的，也不要强加给他人，这就是所谓的"恕"。"忠恕"之道，就是将心比心，推己及人，最终实现仁爱。德行是德性的外在表现，有德行必然要有德性。孔子说："刚、毅、木、讷近仁。"（《子路》）具有刚正不阿、坚强勇敢、自然质朴、忠实真诚的德性品格的人几乎是具有仁爱美德的人。弟子樊迟曾问仁，孔子说："居处恭，执事敬，与人忠。"（《子路》）恭即共心，是指尊重他人的意愿和利益；敬是指严肃认真地对待自己行为所包含的道德意义，尽上自己对他人的道德和正义责任；忠是指对他人抱持不偏不倚、诚实无欺的态度。可见，仁既是诸多德行和德性的统一，又是诸德行和德性的总称。同时，仁又是德行评价的标准。孔子曾说："当仁不让于师。"（《卫灵公》）孔子强调师道尊严，学生不可违背老师，这是在一般情况下。当你确定自己的主张更符合仁，也即更符合道德与正义的时候，即使是老师，也不谦让。这是把仁视为衡量一切是非善恶的最高标准。

3. 以礼约德

孔子以仁释德，深化、充实了德的内涵；以礼约德，丰富、扩展了德的形式。孔子以"仁"充实、改造"礼乐"，把西周以国家典章制度为核心的礼乐制度，改变扩充为社会政治理想、社会交往礼仪及人伦道德规范和修养三位一体的礼乐文化。因此，孔子之礼是充实了"仁爱"精神的人文之礼，旨在约束、引导人们的言行，提升人们的素质和德性修养；规范、调节人际关系和交往，实现社会的和谐与安定。孔子在回答颜渊如何实现仁德时，明确提出要以礼节之。

> 颜渊问仁。子曰："克己复礼为仁。一日克己复礼，
> 天下归仁焉。为仁由己，而由人乎哉？"颜渊曰："请问
> 其目。"子曰："非礼勿视，非礼勿听，非礼勿言，非礼
> 勿动。"（《颜渊》）

孔子认为，人们只有认识到自己肩负的使命，努力克制自己的私欲，抑制自己的不良行为，自觉遵循礼的要求与规范，才能达成仁德。修养仁德全靠自我的努力和节制，具体做法是：不合礼的不去看，不合礼的不去听，不合礼的不去说，不合礼的不去做。可见，孔子强调内在德性的实现，离不开外在之礼的规范与引导。"君子博学于文，约之以礼，亦可以弗畔矣夫！"（《雍也》）君子要博学多闻，以礼约身，这样就不会离经叛道。

在孔子看来，德性的保持离不开礼的节制，否则良好的品德就会走向反面。他说："恭而无礼则劳，慎而无礼则葸，勇而无礼则乱，直而无礼则绞。"（《泰伯》）恭、慎、勇、直都是好的品德，但都必须以礼节之。恭敬而无礼制，就劳而无功；谨慎而无礼节制，就会畏缩不前；勇敢而无礼节制，则会犯上作乱；爽直而无礼节制，就会尖酸刻薄。礼的实质是适度和中庸。礼不同于法律，其作用（价值）不仅在于规范、节制人们，而且能够唤醒人的良知，使人知耻并自觉遵守道德规范。孔子说："道之以政，齐

之以刑，民免而无耻；道之以德，齐之以礼，有耻且格。"（《为政》）如果依靠"德"来端正人们的品格，依靠"礼"来统一人们的行为，那么人们将把自己的注意力放在自己品格的道德性与行为的正义性上，因而人们不仅将会使自己的品格符合道德的原则，而且还会使自己的行为符合正义（礼）的规范。

可见，对于德礼关系来讲，德是内容，礼是形式；德是内在的道德情感，礼是外在的行为规范；德是基础、灵魂，礼是德的体现、落实[1]。德是内在心性的凝结，是人精神性和情感性的体现，具有抽象性。有了礼，德就可以落实到具体行为举止上，就有了可以检验行为的具体标准。同时，礼通过制度规范、仪式程序节制、引导人们的行为举止，在长期的潜移默化过程中起着培育德性的作用。

4. 君子涵德

"君子"一词开始主要是指有一定身份的贵族或者有地位的人。孔子继承了"君子"一词，并赋予其丰富的道德内涵。孔子有时用"君子"指称当权贵族，但更多的时候是指品德高尚的人。孔子意识到人们的人格自觉及道德素质必将影响乃至决定社会的风气及整个国家的道德水准。因此，他非常重视教育启发人们的德性自觉及君子人格的塑造，以期使人们都能成为"文质彬彬"的君子。孔子倡导的君子人格，是一种充满道德力量的人格，包含着丰富的道德意蕴，体现着高尚的道德品质和道德境界[2]。

1　邢广伟：《试论〈论语〉中"德"的思想》，华北电力大学硕士论文，2014年，第3页。
2　迟成勇：《论孔子君子人格的道德意蕴及其现实价值》，《理论与现代化》，2007年第5期。

　　君子"重义轻利""见利思义",坚持"义以为上"的道德追求。孔子认为,君子的价值取向应是崇尚道义、轻视私利。"君子喻于义,小人喻于利"(《里仁》),追求义或利,是区分君子与小人的标准。"行义"是君子的本质,"君子义以为上。君子有勇而无义为乱,小人有勇而无义为盗"(《阳货》)。因而,在面对义与利的选择时,君子要"义以为上",对不义之财,决不动心。故孔子强调:"不义而富且贵,于我如浮云。"(《述而》)孔子虽然肯定君子"义以为上"的价值取向,但并没有将"义"与"利"绝对地对立起来,而是要求君子"见利思义"。他说:"见利思义,见危授命,久要不忘平生之言,亦可以为成人矣。"(《宪问》)只有当义利不能两全时,君子才应舍利而取义。君子也爱财,但是取之有道。"富与贵,是人之所欲也,不以其道得之,不处也;贫与贱,是人之所恶也,不以其道得之,不去也。"(《里仁》)

　　君子"重和",体现了"以和为贵"的宽容美德。君子在处理人际关系时,坚持"和为贵"的原则。孔子说:"君子和而不同,小人同而不和。"(《子路》)君子具有随和善良的品格,能够与人和谐相处,但又具有不轻易附和人的独立特性;而小人表现出盲目阿附,但又不随和善良的品格,不能与人和谐相处。可见,孔子认为,君子"贵和"但坚守原则,不是无原则地随声附和。"君子矜而不争,群而不党"(《卫灵公》);"君子周而不比,小人比而不周"(《为政》)。君子贵和不与人争,随和合众而又决不盲从;君子合众但又不与人拉帮结派、结党营私。君子即使与人争,也是以"和"为原则，严格遵循礼仪规范，彬彬有礼，体现了大度、宽容的风度，光明磊落的胸怀，以及温文尔雅的君子风范。孔子说："君子无所争。必也射乎！揖让而升，下而饮。其争也君子。"（《八佾》）

君子恪守中庸之道，努力追求德行的完美。孔子说："中庸之为德也，其至矣乎！民鲜久矣。"（《雍也》）他认为中庸是一种至上的道德标准。何谓中庸呢？朱熹说："中者，不偏不倚，无过不及之名。庸，平常也。"[1]可见，中庸体现了事物之间的一种适中、适度、恰到好处、无"过"与"不及"的状态，这种特定的状态也即平衡、和谐。中庸作为道德标准，要求人们立身处事要恪守中正之道，避免"过"与"不及"，追求德行的完美。《中庸》引用孔子的话说："君子中庸，小人反中庸。君子之中庸也，君子而时中；小人之反中庸也，小人而无忌惮也。"（《礼记·中庸》）君子之所以中庸，是因为君子随时做到适中，无过与不及；小人之所以违背中庸，是因为小人肆无忌惮，专走极端。事物都有一个度，如果超过了应有的度，事物就会发生质变，甚至会走向对立面。孔子说："君子惠而不费，劳而不怨，欲而不贪，泰而不骄，威而不猛。"（《论语·尧曰》）就是要求君子为人处世不要走极端，努力把握好应有的度，恰到好处，从而达到中庸之道。

君子注重自身修养，注重提升道德品质。孔子认为，君子人格的养成，离不开修身。君子修身的内在是仁，表现于外在是礼。

---

1 朱熹：《四书章句集注》，第 17 页。

仁与礼，内修与外修的统一。孔子认为，仁是人与人（仁就是二人）间的同情爱心，是君子应具有的内在精神；礼是人与人间的适宜行为，是君子应遵循的规范。修身需要外在规范（礼）的约束和引导，目的是更好地修心，培养人的内在精神（仁），提升人的道德素质。"质胜文则野，文胜质则史。文质彬彬，然后君子。"（《雍也》）孔子曾谈到君子应像郑国的大夫子产那样加强修养，"其行己也恭，其事上也敬，其养民也惠，其使民也义"（《公冶长》）。孔子主张，修身不仅是为了提升自身的道德素质和道德修养，还是为了他人的安乐，为了大家的安乐。据《论语·宪问》记载，孔子在回答子路何为君子时，明确提出了"修己以敬""修己以安人""修己以安百姓"的思想。《礼记·大学》中提到的"自天子以至于庶人，壹是皆以修身为本"的观点，就是孔子思想的继承和发展。

孔子不仅从理论上倡导君子的内涵及价值，而且在生活中的所作所为也真正体现了君子风范。据《史记》记载，孔子迁居于蔡国的第三年，吴国攻打陈国。楚国军队前去救援陈国。听闻孔子在陈国和蔡国的边境，楚国派人召请孔子。孔子打算前往以礼相谢。陈国的大夫和蔡国的大夫商议说："孔子是位有才德的贤者，凡他所讽刺讥评的，都切中诸侯的弊病所在。如今他长久留住在我们陈、蔡两国之间，各位大夫的所作所为，都不合于仲尼的主张。现在的楚国，是个强大的国家，却来礼聘孔子；楚国如果真用了孔子，那我们陈、蔡两国掌政的大夫就危险了。"于是双方都派了人，一起把孔子围困在荒野上。孔子和弟子一行人失去了自由，粮食也吃光了，好多弟子都饿得站不起来了。但是孔子依旧给弟子们讲学，还朗诵诗歌、弹琴。子路不解，恼怒地对孔子说："君子也有困厄的时候吗？"孔子说："君子身处困境能够坚守节操，但是小人身处困境就什么事情都能干得出来。"被围困后，孔子看到弟子们很烦闷，就问他们对目前状况的态度。孔子询问子路说："你看是因为我们的学说不正确，才使我们落到这种地步的吗？"子路回答说："可能是因为我们的德行还不够吧，所以别人不信任我们；也可能是因为我们的智谋还不够吧，所以被别人围困而无法脱身。"孔子说："你错了。如果道德高尚就能让别人信任，伯夷、叔齐就不会饿死在首阳山了；如果足智多谋就能畅通无阻，那么比干就不会被剖心了。"孔子又问子贡同样的问题，子贡回答说："正是因为您的学说博大到了极点，所以没有一个国家能容纳您。您应该稍微降低一些要求啊！"孔子教导他说："好的农民善于耕种田地，但他却不一定会获得好的收获；好的工匠虽然有精湛的技艺，但他的作品却不一定让每个人都满意。有修养的人所研究的学问，也不一定被社会所认可。现在你不继续钻研学问，反而想降低标准来迎合世人，你的志向不够远大啊！"颜回来见孔子，孔子又问他同样的问题。颜回答道："您的学说博大到了极点，没有一个诸侯国家有能力容纳您。尽管如此，您还是要推行自己的学说，当权者不接受您的学说，那是他的耻辱。而一个人不研修自己的学说，是自己的耻辱。"孔子听过后，欣慰地笑着说："你说得太对了！如果你是富人的话，我愿意做你的管家。"由此可见，孔子具有安贫乐道、坚守道义、临危不惧的君子风范。

5. 为政以德

据《论语·公冶长》记载，孔子在与弟子子路、颜渊谈话时，曾谈到自己的理想和抱负：愿使老年人都能安宁幸福，青年人都能彼此信任、互为朋友，少年都能得到无微不至的关怀。孔子认为，这一理想的实现离不开政治追求和抱负。虽然孔子参与政治实践的机会不多，但是他提出的为政以德的光辉思想，对中国的政治产生了深远的影响。

孔子提出当政者要以德治理国家，只有这样，国家才会有凝聚力和吸引力，人民才能心悦诚服，一心归向。"为政以德，譬如北辰，居其所而众星共之。"（《为政》）他对西周通过和平的道德手段与政治启蒙的途径建立起来的政府赞叹不已，"周之德，其可谓至德也已矣"（《泰伯》）。"为政以德"是孔子德思想的主旨，其中蕴含丰富的内涵，值得吸收和借鉴。

为政者应重修养之德。孔子非常重视为政者的个人修养之德，因为只有为政者自身首先具备了良好的品德基础，他才能起到影响深远的道德辐射作用。同时，在一定程度上对增加统治者的信服力，缓和社会矛盾，更能起到表率作用和教化功效[1]。季康子曾问政于孔子，孔子对曰："政者，正也。子帅以正，孰敢不正？"

---

[1] 邢广伟：《试论〈论语〉中"德"的思想》，华北电力大学硕士论文，2014 年，第 36 页。

（《颜渊》）政者，正义也；治者，秩序也；政治，即以正义为基础的秩序。如果当政者的行为合于正义，人民的行为自然会合乎正义。孔子还说："其身正，不令而行；其身不正，虽令不从。"（《子路》）如果当政者立身不正，行为不合乎正义，即使用命令强制人民，人民也不会服从。孔子在回答季康子问政"如杀无道，以就有道，何如？"的问题时，明确提出："子为政，焉用杀？子欲善而民善矣。君子之德风，小人之德草。草上之风，必偃。"（《颜渊》）孔子反对通过杀戮的手段造就一个充满道德与正义的世界。因为，为政者欲善，民自然从善。为政者之德如风，民众之德如草，风的方向决定了草仰倒的方向。为政者只要重视自身的道德修养，做到以身作则、率先垂范，民众自然会上行下效，回归正道，社会秩序就会公正和谐。

为政者应实施德治、仁政。孔子通过比较法治与德治的优劣，提出德治的必要性。孔子认为，如果依靠强制性的措施来端正人民的品格，依靠惩罚性的法律手段来统一人民的行为，那么人民就会把心思放在如何有效地逃避法律的制裁与惩罚上，而不关注自身的品格和行为本身，这样，他们不仅将会变得更加没有道德，而且更加厚颜无耻。但是，如果依靠启发人民的道德责任心来端正人民的品格，依靠礼仪制度和规范来统一人民的行为，那么他们就会把自己的心思放在自己品格的道德性与行为的正义性上，这样，他们不仅有羞耻之心，而且会自觉地遵守道德、礼仪规范。

同时，孔子也强调实施仁政，做到以人为本。孔子在回答子路问政的问题时，提出"先之劳之"的观点。他认为，作为一个国家的政治领导人，应该把人民的利益置于优先的位置，并为人民的利益而坚持不懈地辛勤工作。在谈到治国为民之策时，孔子说："道千乘之国，敬事而信，节用而爱人，使民以时。"（《学而》）严肃认真地对待保障人民利益的事务，从而赢得人民的信任；削减国家的各种经费开支，以减轻人民的负担；公正地行使国家权力（不滥用权力）以保证人民利用有利的时机耕种，合理地休养生息。孔子的这些主张都充分体现了"以民为本"的仁政思想。

为政者应重视德教。孔子非常重视道德教化的作用。他认为，如果当政者不对人民进行道德教化，而听任那些没有接受文明教育的人民陷入相互践踏的境地，就是放弃自己对于人民所应尽的管理的责任和义务，并抛弃他们。"不教而杀谓之虐。"（《尧曰》）不对百姓进行道德教化，只是一味地用杀戮消除罪恶，就是不负责任的残酷做法。因此，孔子主张，作为当政者的正确做法应是"庶之""富之"和"教之"，人口数量增加以后，要想方设法使国民增加物质财富，富裕起来，然后对他们进行道德教化，使他们懂礼知耻，富有教养，具有君子人格。孔子也曾提出了具体的道德教化设想："善人教民七年，亦可以即戎矣。"（《子路》）他认为，一个具有善良的美德与远见卓识的当政者，如果推行一个七年的、对国民进行道德教化的教育计划，那么就可以结束国民之间那种相互有矛盾冲突、相互倾轧践踏的战争状态了。

总之，孔子的德思想博大精深、源远流长、影响深远，奠定了中华民族崇德向善的思想基础，促成了中华民族重视立德修身的优良传统，塑造了华夏儿女尊德守礼的良好精神品质。

二、仁义礼智根于心

孟子，名轲，战国时期邹国（今山东邹城市）人。生卒年众说纷纭，但大多数学者认为孟子生于公元前372年，卒于公元前289年，比孔子晚一百多年。孟子是战国时期伟大的思想家、教育家，儒家学派的代表人物。孟子继承孔子衣钵，弘扬儒家学说，使之在理论上更臻完善、系统化。因此，孟子与孔子并称"孔孟"。孟子是鲁国贵族孟孙氏的后代。孟子幼年丧父，知书达理的孟母千方百计给儿子提供好的学习环境，至今流传有"孟母三迁""孟母断机"等故事。十五六岁时，孟子赴鲁国拜孔子之孙孔汲的门人为师。大约在三十岁左右，孟子仿效孔子，开始收徒讲学，并把它看作人生的三大乐趣之一。四十岁左右，孟子开始筹备周游列国之事。公元前329年，孟子带领学生开始周游列国，宣扬他的"仁政""王道"学说。他率领弟子游历各国进行讲学的时候，往往是后边随从几十辆车，跟着数百人。在齐威王的时候，孟子到著名的稷下学宫讲学，被尊为"稷下先生"而留居于学宫。孟子在稷下学宫影响很大，曾被列为卿，领取上大夫的俸禄。壮年时期的孟子除因母亲去世而归丧三年以外，大部分时间是在稷下学宫任教。由于讲学有成绩，所以齐威王曾经馈赠孟子百金以表示感激。后来的一段时间，孟子曾到宋国去游说宋偃王，又到魏国游说魏惠王。由于孟子所处的战国中期是一个诸侯争霸的时代，统治者只顾眼前利益，所以重用纵横家策士，重视法家人物，这致使孟子在政治活动中屡不得志。此后，孟子第二次到了齐国的稷下学宫。这时候齐国已经是齐宣王当政的时期。齐宣王不让孟子担负具体的职事，而只听取他的议论和建议。故孟子经常和齐宣王谈论政事，可是得不到齐宣王的真正重视。周赧王三年（前312年），齐宣王伐燕，孟子进谏，遭到拒绝，孟子遂辞去卿位，还归故乡邹地。回到故乡以后，孟子专门从事教学和著述工作。《孟子》一书即他晚年率万章等弟子所著。孟子的德思想主要体现于"四心"说、人性善、重义轻利等观点之中。

1. 德源于心

与孔子的"天生德于予"，把德之来源归之于"天命"（天道）不同，孟子强调仁、义、礼、智"四德"是人心固有的。他认为，"仁义礼智根于心"（《孟子·尽心上》)，即是说，仁义礼智这四德根植于人的内心，源于人类与生俱来的"良心"。

孟子曾举例说明人皆有"不忍之心"，即善良之心。他说，譬如有人忽然看见一个无知的幼童将要掉到井里去，他马上就有了警惕、恻隐之心，想要救助这个孩童。这种心情完全出于天性，并不是想借此结交那幼童的父母，也不是想博得邻里朋友的称赞，更不是憎恶会得到残忍的声名才这样做的。由此可见，人人都有恻隐之心、羞恶之心、辞让之心、是非之心。"恻隐之心"即真诚的同情、怜悯之心，是"仁"德的开端；"羞恶之心"即因己身的不善而生的羞耻心和见他人的不善而生的憎恶心，是"义"德的开端；"辞让之心"即谦逊推让之心，是"礼"德的开端；"是非之心"即分辨是非善恶之心，是"智"德的开端。孟子认为，恻隐之心、羞恶之心、辞让之心、是非之心这"四心"是人所固有的，是为人之根本，无"四心"则不是真正的人。这"四心"是人仁义礼智"四德"的根源，是"四德"产生的开端。孟子在反复强调人皆有"四心"，因而易于产生"四德"时指出："仁义礼智，非由外铄我也，我固有之也，弗思耳矣。故曰：'求则得之，舍则失之。'或相倍蓰而无算者，不能尽其才者也。"（《告子上》）这是说，个人的仁义礼智"四德"，不是由于外界环境的影响而后天形成的，而是个人天生的内心所固有的。如果向自己的内心求索，就能获得这些美德；如果仅仅是向外去求，而忽视内在的良心，则很难获得这些美德。因此，人与人之间之所以有仁义礼智上的差别，不是由于"四心"的不同，而是因为向内心求善的程度不同。

同时，孟子又认为，心源于天，心的善良特性是天至善本性的体现。他说："尽其心者，知其性也。知其性，则知天矣。"（《尽心上》）仁、义、礼、智等道德属性由人心产生，为人心所固有，这就是所谓善性。但这种善性，只是一种"善端"，必须加以充实，使它们苗壮成长至成熟；加以推广，使它们效用宏大。所谓"尽其心者"就是要尽量扩充、发展这些仁义礼智的善端，扩充和发展了善端，就能认识人的善良本性；认识了人的善良本性，就能知晓天的至善特性了。因为天孕育生养了万物包括人，因此天的至善属性决定了人的善良本性。保存自己的善心，培养自己的善性，就是对天的最大顺从和顺应。所以孟子说："存其心，养其性，所以事天也。"（《尽心上》）

2. 仁义为本

孔子"贵仁"，主张"仁""礼"结合，"克己复礼为仁"（《论语·颜渊》）。孟子继承了孔子"贵仁"的思想，但他看到战国时代原有礼乐秩序不复存在，旧的礼制已失去约束作用，于是不强调"礼"，而是重视"义"，"仁"与"义"并重，提出了以"仁义"为根本的道德规范体系。孟子的"仁义"之道，以"人伦"为思想前提。他的"人伦"思想即人与人之间应当遵循的基本道德准则是：父子有亲，君臣有义，夫妇有别，长幼有序，朋友有信。他认为，"人伦"的根本准则是由仁行义，实行"仁义"是修身、齐家、治国、平天下的根本保证。他说：天子不仁义，不能保全四海天下；诸侯不仁义，不能保全江山社稷；卿大夫不仁义，不能保全宗庙家族；士人不仁义，不能保全自己的身体。

孟子认为，"仁义"的基本内涵是爱亲、敬长。他说："仁之实，事亲是也。义之实，从兄是也。"（《孟子·离娄上》）又说："亲亲，仁也；敬长，义也。"（《尽心上》）孟子强调，仁义是为人之本，因为一个人只有爱护、敬重自己的亲人、长辈，才有可能爱护、敬重社会上的其他人的亲人、长辈，特别是国君。他

说，人都有同情心，推而广之，同情一切人的不幸，就是仁。人
都有不应做的事，知道了这一点，就要去做应当做的事，这就是
义。仁义之所以能够得以实行，是因为人们懂得爱人和敬人都是
相互的。所以孟子说："仁者爱人，有礼者敬人。爱人者，人恒爱
之；敬人者，人恒敬之。"（《离娄下》）同时，孟子强调仁与义是
统一的。他说：仁为人的善良之心、爱人之心，义为通向人善心
（仁）的正路；仁是人心必须常居而勿失的根本所在，义是人按照
仁爱的要求而行动时应当遵循的原则规范（人之正路），也即"居
仁由义"（《尽心上》）。孟子认为，丢掉仁爱之心而不知求，舍弃
光明正路而不走，是非常悲哀的事情。可见，"仁"要求人们"爱
人"，而"义"则规定"爱人"的界限，不是盲目地爱一切人，而
是爱应当爱的人，恶应当恶的人，这才真正符合"仁义"的根本
精神[1]。

孟子主张的"仁义"，由"爱亲"推及"爱人"，由"爱人"
进而主张"仁民""爱物"。他强调，统治者应以"仁义"作为最
高道德准则，爱护百姓，实行"仁民"，推行"仁政"。他说："老
吾老以及人之老，幼吾幼以及人之幼，天下可运于掌。"（《梁惠
王上》）这是说，尊敬自己的父母长辈，从而推广到尊敬别人的父
母长辈；爱护自己的子女晚辈，从而推广到爱护别人的子女晚辈；
有了这样推己及人的仁爱思想，治理天下就会易如反掌。他认为，

1　王正平：《中国传统道德论探微》，上海三联书店 2004 年版，第 86 页。

国君如果能"推恩天下",即把爱亲人之心,推广至爱天下人,行仁政,则能保有天下;否则的话,连自己妻儿的性命也不能保全。因此,国君应当"仁民",行仁政。为了"仁民",他倡导"制民之产",使老百姓得到物质上的实惠,"仰足以事父母,俯足以畜妻子,乐岁终身饱,凶年免于死亡"(《梁惠王上》)。孟子以爱敬解释仁义,提倡爱人、仁民,以关心、体恤人民疾苦作为人的最高美德,这对于我国社会伦理观念的进步,具有一定的积极意义。

　　孟子重仁义的思想,体现于他的言行之中。据记载,齐国有一个王子名叫垫。有一次,垫问孟子:"人应该有什么样的志趣呢?"孟子明确地回答道:"人应该使自己的志向和行为高尚。"垫又问:"怎样才算志行高尚呢?"孟子答道:"行仁施义就是品质高尚。如果杀一个无罪的人,那就是不仁;不是自己的东西,却去抢夺过来,那就是不义。又比如说,鱼和熊掌都是自己喜欢的,如果这两种东西不能都得到,那么我便舍弃鱼而要熊掌,因为熊掌比鱼贵重。生命是我所喜欢的,义也是我所喜欢的,如果两者不能并存,我宁可牺牲生命也要取得道义,因为道义比生命更宝贵。所以,我虽然也爱惜自己的生命,但绝不干苟且偷生的事;死亡是我所不乐意的,但如果有比死亡更为我所厌恶的,我宁愿选择死亡。如果人们都不讲仁义,把生命看得超过一切,那么一切可以求得生存的方法,就都可以采用了。如果人们所害怕的再没有超过死亡的了,那么一切可以避免自己祸害的事情,就都可以干出来了。这样一来,世道不就成了不仁不义、人人为己、尔虞我诈、非常残忍的世界了吗？"（《尽心上》）可见，在孟子看来，"舍生取义"是人的最高行动准则。

3. 去利怀义

如上所述，孟子认为仁义为德之根本。因此，他把"仁义"作为处理各种利益关系的最高准则。在义利关系上，他提出了"去利怀义"的道德价值观。孟子认为"怀利"与"怀义"是互相对立的。"怀利"会激发人的私欲，使人为了私利而不择手段，废弃仁义。如果人人以"利"作为行动的目的，就会危害家庭、国家的和谐与安宁。他认为，如果臣子心怀私利以侍奉君主，子女心怀私利以侍奉父母，弟弟心怀私利以侍奉兄长，这就会使君臣之间、父子之间、兄弟之间丢掉仁义；心怀私利、私欲来互相对待，这样必然使得家庭不和，国家危亡。相反，如果倡导"去利怀义"，人人以"仁义"作为行动的根本准则，则人伦有序，国泰民安。他说，如果臣子心怀仁义以侍奉君主，子女心怀仁义以侍奉父母，弟弟心怀仁义以侍奉兄长，这就会使君臣之间、父子之间、兄弟之间丢掉私利、私欲，心怀仁义来互相对待，这样必然使得家庭和睦、社会稳定、国家昌盛。

孟子曾去见梁惠王。梁惠王一见到孟子就非常高兴地问："老人家，你不远千里而来，将给我国带来什么利益呢？"孟子回答说："君王何必只想得到利益呢！要讲求仁义就行了。假如君王只想着怎么样对本国有利，大夫只想着怎么样对本家族有利，士人和百姓只想着怎么样对本人有利；从国君到百姓，上上下下都在追求争取利益，那国家就危险了。"（《梁惠王上》）孟子提醒梁惠王不要只顾讲利，讲仁义才是根本。如果人人讲"利吾"，追求利益，人与人之间势必尔虞我诈，互相争夺，危及天下。

需要指出的是，孟子所讲的"利"是指统治集团中的小集团利益、局部利益和一般人的个人私利。"义"是指当时社会的道德规范和准则，这些规范和准则有利于统治阶级代表的国家获得长远利益、整体利益。孟子反对利，实际上是反对统治阶级不顾道义、只顾自己的眼前利益而损害国家的长远利益、整体利益。因为如果统治者把个人私利、贪欲置于首位，不顾道义，不顾国家整体利益和长远利益，那么统治集团间将你争我夺，最终使整个国家陷入无法收拾的局面。孟子认为崇义轻利能使统治者正确处理义利关系。当然，孟子并非完全不讲个人私利。在他看来，如果不违背义，人是可以适当满足个人私利的。比如孟子就讲到，在国君与民众同乐的前提下，国君可以游山玩水，驰骋田猎以适当满足个人私利。[1]

孟子还把人们以"为义"还是以"为利"作为自己的行为目的，视为区别"君子"与"小人"的道德标准。在孟子看来，"为利"是小人的行为、盗跖之流的追求；而"为义"，就是"为善"，则是君子的行为、舜之徒的作为。因此，与孔子一脉相承，孟子也以"为利"还是"为义"作为区别小人与君子的价值标准。他

---

1 参见唐凯麟，邓名瑛：《中国伦理学名著提要》，湖南师范大学出版社2001年版，第28页。

说："鸡鸣而起，孳孳为善者，舜之徒也；鸡鸣而起，孳孳为利者，跖之徒也。欲知舜与跖之分，无他，利与善之间也。"（《尽心上》）可见，小人之为"小人"，就在于"为利"；而君子之为"君子"，则在于为"善"，即"为义"。孟子把"义"称为"良贵""天爵"，认为这是比名誉、地位、财富，甚至自己的生命更宝贵的东西。他说："鱼，我所欲也，熊掌亦我所欲也，二者不可得兼，舍鱼而取熊掌者也。生亦我所欲也，义亦我所欲也，二者不可得兼，舍生而取义者也。"（《告子上》）孟子"去利怀义""舍生取义"的道德价值观，对我国传统道德中理想人格的确立起了积极的作用。

4. 存心养性

孟子认为，人有了天生的"四心"，不一定就能成为具有仁义礼智"四德"的善人。因为"四心"只是使人有了善端，善端只是仁、义、礼、智的幼芽。如果人们不知道保养扩充，那么微弱的善端将被蒙蔽。善端被蒙蔽，即无仁无义，一个人无仁无义，就和禽兽一样，连侍奉父母都不知道了。因此，孟子提出存心养性的道德修养理论，以保持人的善性，使人成为真正的善人。

"存心"就是保有人天生的善良之心，使之强固不失；"养性"就是呵护、涵养人本有的善良本性，使之更加自觉。孟子认为，人的善良本性源自人的善良本心，是至善天性所赋予的，因而是人天生所固有的，不是通过道德教化等手段自外强加的。不管你意识到还是没意识到，心性都本善，所以"存心养性"的功夫并不是要培养出本来不存在的善良心性来，它只是为了加强人的善良心性，使它发挥出来，从而实现一种道德的自觉。为了达到存心养性的目的，孟子提出了具体的修养方法。

其一是求放心。孟子把人们丢失的良心称作"放心"，他认为每个人生来都有一颗善良的心，但是在成长的过程中，由于受社会的不良影响或者自身的原因，这颗善良的心被丢弃或被蒙蔽了，没有培养出来。人们修业进德的主要任务，就是发展善性，找回丢失的良心。他说，仁是人所固有的爱人之心，义是人所应走的正路。放弃了正路而不走，丢失了善良之心而不知道去寻找，真是可悲啊！有鸡和狗走失了，人就知道去把它找回来；可是，很多人的良心丢失了，却不知道去寻找。做学问的目的没有别的，就是增长智慧，提升道德的自觉，把那丢失的良心找回来。(《告子上》)

其二是"从其大体，思则得之"，即通过内心理性的自我认识来保持人的善良之心。孟子认为，"心"是人之"大体"；人若能"从其大体"，即顺应人天生固有的善良之心而行事，就能辨别是非善恶，不会被外物所蒙蔽，就会合乎仁义礼智，从而成为君子；人若"从其小体"，缺乏良心的主宰，一味满足声色之欲，就会成为"小人"。他还曾告诫人们警惕口腹之欲："饮食之人，则人贱之矣，为其养小以失大也。"(《告子上》)在孟子看来，无论"从其小体"，或者"养小以失大"，还是"以小害大""以贱害贵"，都是不可取的。他认为，人的耳目不会思考，常会受外物的引诱。如果听由耳目与外物接触，就会失去良心。存在于人内心的良心，要靠人通过理性思考才能感悟到。只有从内心首先领悟了仁义这个大道理，人心才不会被一些琐常的物欲所占有。

其三是寡欲。我们经常说"利欲熏心"，物欲容易熏黑善良之心。孟子说："养心莫善于寡欲。"（《尽心下》）养心是为了更好地存心。他认为，想要涵养人的心性，再也没有比减少欲望更好的方法了。一个人欲望少了，那么即使善心有所丧失，也不会失去很多；一个人欲望多了，那么即使善心有所保存，保存下来的也一定是很少的。一旦面临现实的道德行为选择，人们的善良本心就容易被欺骗和蒙蔽。为什么呢？因为人总有欲望，人的欲望太多了，自然就会患得患失，犹疑不定。心中不同的考虑多了，良心的声音就会被掩盖。而如果没有那么多欲望，没有太多的利害计较，那当然更容易照着自己良心的指示来行动。因此，孟子强调，涵养良心的最好方法是减少欲望，不让欲望遮蔽了善良的心。当然，孟子要求"寡欲"，但他并不是一个禁欲主义者。因为孟子的"寡欲"主要是针对修养心性提出来的，而对于物质、权力、名声等欲望，他也不是一概反对。他要求制民以恒产，满足百姓对财富的欲求，还说"富，人之所欲"，"贵，人之所欲"（《万章上》）。孟子反对的只是"为富不仁"的行为，主张君子爱财，取之以道。

其四是养气。孟子所说的"养气"不是指我们平时所说的精气、元气，而是要培养"浩然之气"。所谓"浩然之气"，就是刚正之气、人间正气，是充塞宇内的一身凛然大气。这气不是存在于自然界的物质之气，而是人的主观意志培养出来的精神之气，有大、刚、直的特点。这种气"集义所生"，积累而成，人们只要不断地培养、扩充、积累，就可以让"浩然之气"充塞于天地宇宙之间，就可以达到"上下与天地同流"(《尽心下》)。但是这种"浩然之气"不是一蹴而就、速成而得的，而要长期积累而不辍，这样就可以达到与天地同流、与万物一体的高超境界了。孟子认为，一个人有了浩气长存的精神力量，面对外界一切巨大的诱惑也好，威胁也好，都能处变不惊，镇定自若，达到"不动心"的境界。具有浩然之气的人，一身的正直、正义、威武不屈的光辉形象令坏人胆寒，令世人称道。

当公孙丑问孟子的长处是什么的时候，孟子说："我善于修养我的浩然之气。"公孙丑说："请问什么叫作浩然之气呢？"孟子说："这种气最伟大、最刚强，用正直去培养它而不损害它，那它就会充满于天地之间。作为一种气，它是合乎义和道的；若不是，就会泄气了。它是日积月累的正义所生出来的，而不是偶然从外而入获得的。所作所为有一件不能让人心意满足，它就泄气了。所以我说，告子不懂得义，就因为他把义当作外在的东西。浩然之气的养成，一定要有所为而不中止，心里不要忘记它，但也不要有意帮助它，不要像那个拔苗助长的宋国人一样。但是天下不拔苗助长的人很少见啊。说到浩然之气，认为培养它没有用而放弃的，是不为禾苗锄草的人；有意帮助它生长的，是拔苗的人。这么做不仅无益，反而有害。"(《公孙丑上》)

三、尊道而贵德

老子（约前571—前471），姓李名耳，字聃，楚国苦县（今河南鹿邑县）厉乡曲仁里人。我国古代伟大的哲学家和思想家，道家学派创始人，是中国乃至世界文化史上的重要人物。老子曾任守藏史，掌管图书典籍，所以他谙于掌故，熟于礼制，不仅有丰富的历史知识，而且有广泛的自然科学知识。他和孔子是同时代的人，较孔子年辈稍长，世称"老子"。相传孔子曾向他问过"礼"，他给孔子讲述了许多深奥的道理，使孔子折服于他。公元前520年，周王室发生争夺王位的内战，这场长达五年的内战，最终以王子朝失败告终。王子朝失败后，席卷周室典籍，逃奔楚围。老子所掌管的图书也被带走。于是老子遂被罢免而归居。老子为了避免战乱祸害，不得不"自隐无名"，流落四方。后来，他西行去秦国，经过函谷关（在今河南灵宝市西南）时，关令尹喜知道他将远走隐去，便恳请老子留言。于是老子写下了五千字的《道德经》。相传老子出关时，骑着青牛飘然而去，世不知其所终。

作为一种思想观念，"德"并非创始于老子，在前诸子时期，"德"作为周人政权合法性的重要基石，已备受统治阶层重视；到了春秋战国时期，经过诸子的进一步探讨，此观念在他们的学说中具有了新的思想生命力。不同于孔子为"德"注入新的伦理内容，老子则主要是基于对世界之"道"的本原性、本体性及"道"

与"德"的源流关系阐述，对"德"观念给予了突破性的重塑。

1. 上德与下德

据传，老子从小就聪明好学，常常缠着别人给他讲国家兴衰、战争成败、祭祀占卜、观测天象等故事。母亲望子成龙，便请了一位精通殷商礼乐的老先生教授老子。这位老先生就是商容，他不但通晓天文地理，还博古今礼仪，非常受老子的尊敬。三年后，老子已经将商容学识学尽，甚至有过之而无不及。于是，商容便向母亲辞行，并建议老子到周都深造。商容推荐了他的师兄周太学博士，让老子前去向他学习。老子拜了商容师兄为师，跟随他入周，天文、地理、人伦无所不学，《诗》《书》《易》《礼》《乐》无所不览，文物、典章、史书无所不习，三年后大有长进，周博士便推荐他去守藏室为官。守藏室是周朝典籍收藏之地，这里集天下之文、收天下之书，无所不有，老子在这里阅尽了天下奇书，渐入佳境，通礼乐之源，明道德之旨，三年后便被升为守藏室吏，声名传入四海。

老子德的内涵主要包含两方面：一是道之至善本性、本质的现实体现，即上德；二是道赋予世界万物（包括人类）的本性，道之至善本性在世界万物（包括人类）上的体现，即世界万物（包括人类）得之于道的善之本性（即下德）。

老子认为，道是世界的本体，是世界万物的本原及存在的本质。"大道泛兮，其可左右。万物恃之以生而不辞，功成而不名有。衣被万物而不为主，可名于小；万物归之而不知主，可名于大。以其终不自为大，故能成其大。"[1]道造就了整个人类以及人类赖以生存的整个世界，并为人类创造了自由幸福的生活所必需的全部条件。因此，道的恩泽博大如海、无所不至，是至真至善至美的。德者，性也。道之至善本性的现实体现就是上德，老子讲的玄德、常德等都是上德，都是道之至善本质的体现。老子曰："上德不德，是以有德。"[2]根据杨润根注解，上德，即绝对的德（也即道）；不德，即不得德，不必获得至善的存在和本质。因为道作为世界的绝对存在和本质，根本没有必要去获得自己的存在和本质，因为道自身就是自满自足的绝对存在和自在自为的绝对本质。又曰："故道生之，德畜之，长之育之，成之熟之，盖之覆之。生而不有，为而不恃，长而不宰，是谓玄德。"[3]道生育了人类而不直接地占有人类，养育着人类而不直接地支配人类，养护着人类而不直接地主宰人类，这就是道的至善本性的伟大显现，即玄德。

道创生了世界万物（包括人类），并赋予了世界万物（包括人类）善之本性。得之于道的世界万物（包括人类）的善之本性即为下德。老子曰："下德不失德，是以无德。"[4]下德，即世界万物（包括人类）的善之本性；不失德，意谓不失去自己被给予的绝对

1　杨润根：《发现老子》，华夏出版社 2003 年版，第 172 页。

2　杨润根：《发现老子》，第 186 页。

3　杨润根：《发现老子》，第 243 页。

4　杨润根：《发现老子》，第 186 页。

存在和至善本质；无德，即没有个体独立的绝对存在和至善本质。在老子看来，对于世界万物的个体本身来说，个体的存在和本质完全是由道即世界的绝对存在和至善本质所给予的，它们并没有自己独立的存在和本质，也即没有"上德"。因此，世界万物（人类）的存在和本性（德性）完全是一种被给予、被给定的东西。它们的存在和本性（德性），仅仅是由于它们接受了——或者更准确地说是承受了——道的绝对的存在和本性（德性）而已。也就是说，当万物（人类）保有自己的存在和本性（德性）时，只是不失去道在创造它们时所赋予它们的存在和本性（德性）而已。而对于人类来说，只有当他们在主观上认识、掌握并保持了这种被赋予的天性时才具有自觉、自为和现实的普遍无限的存在和普遍无限的本性，才具有善，才具有德。"这也就是说，人类之有道德，并不取决于人们自然地承受了道所赋予自己的存在和本性，而完全取决于人们能否积极地去认识、去把握自己那种完全被给予的存在和本性，从而认识、把握那个给予我们如此存在、如此本性的绝对存在和绝对本性之自身——道，并积极主动地去参与道的创造一个完美世界的伟大活动"[1]。因此，人类的价值在于自觉地识道、遵道、行道，保持与道天性的统一，不丧失自己的存在本质（德性），只有这样，人类才能享有真正的自由自在的幸福生活。

1　杨润根：《发现老子》，第188页。

2. 尊道贵德

老子认为，道凭借自身绝对仁爱的本质生育着人类，按照自身绝对善良的本性（德性）养育着人类；它赋予整个人类生命存在具体的形式，也赋予整个人类生命存在具体的内容，所以人类都以道的绝对仁爱的本质为至尊，以道的绝对善良的本性（德性）为至爱。"道生之，德畜之，物形之，器成之，是以万物莫不尊道而贵德。道之尊，德之贵，夫莫之命而常自然。"[1]老子认为，道的绝对善良的本性（德性）之所以受到人类的尊崇和爱戴，并非因为道命令强求人类这样做，而是因为人类天生的崇敬和热爱一切仁爱与善良的事物的本性（德性）使然。因此，人类只有守住天赋善良本性（德性），才能保持与世界至善本质的统一和一致，才会善良纯朴、自由幸福；反之，人类如果丢掉德性，则背离世界的本质和本性，会陷入相互倾轧、相互践踏的罪恶状态。老子曰：

> 知其雄，守其雌，为天下溪；为天下溪，常德不离，
> 复归于婴儿。知其白，守其黑，为天下式；为天下式，
> 常德不忒，复归于无极。知其荣，守其辱，为天下谷；
> 为天下谷，常德乃足，复归于朴。朴散则为器。[2]

人们只有做到"为天下溪""为天下式""为天下谷"，即与

1　杨润根：《发现老子》，第243页。

2　杨润根：《发现老子》，第143页。

世界的本原不分离、不背离赋予人类生命的世界本体、不与人类赖以生存发展的世界分离，才会"常德不离，复归于婴儿""常德不忒，复归于无极""常德乃足，复归于朴"，即世界的绝对存在与至善本质也就不会与人类相分离、相背离，人类就会如德之本质一样善良纯朴，就会与世界整体融为一体，才会犹如婴儿生活在母亲的子宫内一样自由幸福、无忧无虑。"朴散则为器"，是指人类自然的、天赋的和诚实善良的本性消散丧失，从而使自己堕落成为片面有限的自私自利的器具。老子认为，当人类认识不到或根本忘记了自己是以普遍无限的世界为生命的本原、为生命的依靠、为生命的全部条件的，而把自己看作以自己为本原、以自己为依靠、以自己为条件的、片面有限的、个人的存在物时，人类也就因此而陷入了相互倾轧、相互践踏的罪恶状态之中[1]。

　　为了使人类保持"常德"，免于陷入相互倾轧、相互践踏的罪恶状态，老子提出了拯救人类道德沦丧的方法——"重积德"。老子曰："治人事天莫若啬。夫唯啬，是以早服；早服是谓重积德。重积德则无不克，无不克则莫知其极。"[2] 根据杨润根注解：啬，本义是把收获的粮食储存在仓库之中，以防霉烂变质；这里它和"德"的意思相通，意即保持人们从道中获得的存在和本质，保持自己天赋的本性，保持自己的德性。重积德，是指重新认识并重新掌握自己普遍无限的德之存在和德之本质。老子认为，拯救人

1　参见杨润根：《发现老子》，第 146 页。

2　杨润根：《发现老子》，第 276 页。

们沦丧的道德心并使之遵从整个世界的道德意志去行事的最好方法莫如使人们认识自己天赋的德之本性，并按照自己天赋的纯正善良、诚实无欺的德之本性去生活。只有使每一个人都认识了自己天生的德之本性，人们才能认识到自己本来就是按照普遍无限的道德意志而诞生、而存在的。一旦人们都认识和掌握了自己普遍无限的德之存在和本质，那么人们就能够战胜自己的一切非义与罪恶，这样人们就能够达到自己至善存在和本质的最完美的状态[1]。故老子曰：

> 故从事于道者同于道，德者同于德，天者同于天。同于道者，道亦乐得之；同于德者，德亦乐得之；同于天者，天亦乐得之。[2]

从自己天赋的至善本性出发，自觉地参与道的活动并积极地投身于道的事业的人，他将与道同在；从自己天赋的德之本性出发，自觉地参与德的活动并积极地投身于德的事业的人，他将与德同在；从自己天赋的普遍无限的世界本性出发，自觉地参与整个世界的活动并积极投身于整个世界的事业的人，他将与世界同在。与道同在的人，道也将乐于与他同在；与德同在的人，德也将乐于与他同在；与世界同在的人，世界也将乐于与他

1　参见杨润根：《发现老子》，第278页。

2　杨润根：《发现老子》，第123页。

同在 [1]。

3. 圣人之德

老子认为，由于每个人的根基和悟性不同，因而对道的领悟程度不同，从而也决定了每个人品性的不同。"上士闻道，勤能行之；中士闻道，若存若亡；下士闻道，大而笑之。不笑，不足以为道。"[2] 上士闻道，便尽其所能地遵道而行；这样的人就是老子所称的圣人，即认识道并自觉遵道而行的人，因而也是纯朴善良、具有高尚品德的人。老子认为，圣人是集诸多品德于一身、从善如流的善德者。

圣人无私。老子认为，圣人之所以像天地一样长久地为人崇敬和敬仰，被人所铭记，就是因为其无私的品质。"天长地久。天地所以能长且久者，以其不自生故能长生。是以圣人后其身而身先，外其身而身存。非以其无私邪？故能成其私。"[3] "私"具有正面和负面双重意义，"私"的正面的积极的意义就是自己、自我，这个自我不是作为自我而存在的自我，而是作为世界、作为道而存在的自我。就"私"的负面的消极的意义来说，就是片面有限的个人和以个人为中心的个人主义的生活方式和生活态度。这种个人主义的生活态度，不是以世界为出发点，不是以世界为目的，而是以抽象的片面有限的自我为出发点，以抽象的片面有限的自

1　参见杨润根：《发现老子》，第 125 页。

2　杨润根：《发现老子》，第 208 页。

3　杨润根：《发现老子》，第 41 页。

我为目的。"无私"不是指没有自我，而是指超越自我，即把自我
提升到世界整体的存在，使自我的存在与世界整体的存在融为一
体。老子认为："崇高伟大的圣人否定和超越自我的片面有限的价
值，并因此而在这种否定与超越之中使自我获得了世界的普遍无
限的价值；否定和超越自我的片面有限、稍纵即逝的存在，并因
此而在这种否定与超越之中使自我获得了世界的普遍无限、绝对
永恒的存在。"[1]

圣人无心。老子认为，圣人无个人的意愿，以人民百姓的意
愿为意愿。"圣人常无心，以百姓之心为心。善者吾善之，不善者
吾亦善之，得善。信者吾信之，不信者吾亦信之，得信。圣人之
在天下，歙歙焉，为天下浑心焉。"[2]无心，指无个人的一己之私的
意愿，即超越于一己的片面有限的意愿之上而达于世界整体的意
愿。圣人始终如一地超越于片面有限的个人意愿，以人民百姓的
意愿为自己的意愿，也就是说，圣人始终为百姓的利益着想而不
为自己的利益着想。圣人无为自己谋利之心，却拥有一颗博大仁
爱、诚实善良的心。对于善良的人，圣人以善良之心待之；对于
不善良的人，圣人也以善良之心待之。所以圣人以自己的善良在
善良者的心灵中鼓励并加强了善良，也在不善良者的心灵中培植
养育了善良。对于诚信的人，圣人以诚信待之；对于不诚信的人，
圣人也以诚信待之。因此圣人以自己的诚实在诚实者的心灵中鼓

---

1 杨润根：《发现老子》，第 45 页。
2 杨润根：《发现老子》，第 236 页。

励并加强了诚实，也在不诚实者的心灵中培植养育了诚实[1]。因此，圣人与世界同呼吸、共命运，并使自己的意识与意志和整个世界的意识与意志融为一体，因而与所有的人融于一体。

圣人无积。老子曰："知者不博，博者不知。善者不多，多者不善。圣人无积：既以为人，己愈有；既以与人，己愈多。天之道，利而不害；人之道，为而不争。"[2]依据杨润根的理解，"积"的本义是粮食和金钱，它是人们苦心经营和梦寐以求的对象。因此"积"作为主观认识论意义上的概念，它的意思是"积虑"或"虑积"，即为幸福的有粮食和金钱作保障的安居乐业的生活作长远周密的打算。"圣人无积"，指圣人根本不为自己个人的利益和幸福而苦心经营。因为他认识到，整个人类（包括自己）作为宇宙的必然产物，宇宙在其全部的历史必然性的发展过程中早已为人类（包括自己）的利益和幸福做了充分的准备。只要人类保持自身善的本性，投入整个宇宙的客观历史必然性之中，与整个宇宙融为一体，而不与之相违抗，那么人类就能保有自己天生的幸福与自由。圣人作为整个宇宙存在的主体，他在自己的生活中只追求整个人类的普遍利益与幸福，而不仅仅追求个人的片面的利益与幸福，因而他的人生也就会像他的人生追求一样丰富；"既然他已将自己完全投身到为了整个人类的普遍利益与幸福的共同活动之中，而不仅仅是投身到为了个人的片面利益与幸福的个人活动之中，那

1　参见杨润根：《发现老子》，第238页。

2　杨润根：《发现老子》，第354页。

么他的人生就会像他所投身的活动一样广博"[1]。

圣人不争。圣人因为无私、无心、无积，因而表现出像水那样利万物而不与万物争利的品性。老子曰："上善若水，水善利万物而不争，居众人之所恶，故几于道。居善地，心善渊，与善仁，言善信，政善治，事善能，动善时。夫唯不争，故无尤。"[2]根据杨润根的解释，"争"是指人们把个人的片面有限的利益视为至高无上的东西加以追求，并由此所引发的人们间的不顾廉耻的争夺与纷争。这种争夺与纷争完全是不正当的私欲的结果，是由不正当的私欲所引发的人们行为的失当与过失，而这种失当与过失归根到底又是人们错误地认识自己的欲求的结果。"不争"是指对错误的私欲和由此所引发的人与人之间、人与世界之间的矛盾、冲突和争斗的自觉否定和超越[3]。圣人是至上的善者，行善如水之自然流淌，利万物而不与万物争利。他不狭隘地单纯追求个人的片面有限的利益，而是把个人的欲求和目的提升为整个人类、整个世界的普遍无限的欲求和目的，并与整个人类、整个世界融为一体，保持和谐一致，而毫无利害冲突与争斗，从而在实现整个人类欲求和目的的同时也实现了个人的欲求和目的。

据传，公元前 523 年的一天，孔子前往拜见老子。老子见孔丘千里迢迢而来，非常高兴，教授之后，又引孔丘访大夫苌弘。

1　杨润根：《发现老子》，第 357—358 页。

2　杨润根：《发现老子》，第 46 页。

3　参见杨润根：《发现老子》，第 49 页。

苌弘善乐,授孔丘乐律、乐理;引孔丘观祭神之典,考宣教之地,察庙会礼仪,使孔丘感叹不已,获益不浅。逗留数日,孔丘向老子辞行。行至黄河之滨,见河水滔滔,浊浪翻滚,其势如万马奔腾,其声如虎吼雷鸣。孔丘伫立岸边,不觉叹曰:"逝者如斯夫,不舍昼夜!黄河之水奔腾不息,人之年华流逝不止,河水不知何处去,人生不知何处归?"闻孔丘此语,老子手指浩浩黄河,对孔丘说:"汝何不学水之大德欤?"孔丘曰:"水有何德?"老子说:"上善若水:水善利万物而不争,处众人之所恶,此乃谦下之德也;故江海所以能为百谷王者,以其善下之,则能为百谷王。天下莫柔弱于水,而攻坚强者莫之能胜,此乃柔德也。"孔丘闻言,恍然大悟道:"先生此言,使我顿开茅塞也:众人处上,水独处下;众人处易,水独处险;众人处洁,水独处秽。所处尽人之所恶,夫谁与之争乎?此所以为上善也。"老子闻孔丘已悟,说:"汝可教也!汝可切记:与世无争,则天下无人能与之争,此乃效法水德也。水几于道:道无所不在,水无所不利,避高趋下,未尝有所逆,善处地也;空处湛静,深不可测,善为渊也;损而不竭,施不求报,善为仁也;圜必旋,方必折,塞必止,决必流,善守信也;洗涤群秽,平准高下,善治物也;以载则浮,以鉴则清,以攻则坚强莫能敌,善用能也;不舍昼夜,盈科后进,善待时也。故圣者随时而行,贤者应事而变,智者无为而治,达者顺天而生。汝此去后,应去骄气于言表,除志欲于容貌。否则,人未至而声已闻,体未至而风已动,张张扬扬,如虎行于大街,谁

敢用你？"孔丘曰："先生之言，出自肺腑而入弟子之心脾，弟子
受益匪浅，终生难忘。弟子将遵奉不怠，以谢先生之恩。"拜别老
子，孔子依依不舍地回归故里。

4. 圣人德政

在老子看来，圣人是那种认识了自我存在的世界本质，从而
自觉地超越自我的片面有限性，把自我提升到世界的普遍无限的
高度，与整个世界融为一体，按照世界的普遍无限性去生活、去
行动的人——在这种普遍无限的生活与行动中，他不以个人的意
志为意志，而以世界的意志为意志；他不以个人的利益为利益，而
以世界的利益为利益；他不以个人的目的为目的，而以世界的目的
为目的。他是智慧的典范，道德的楷模，人类美好生活的组织者、
创造者和革新者。因此，这种人也就是人类社会当之无愧的统治
者[1]。老子认为，作为统治者，圣人治理国家的方式是典型的德政。

老子曰："治大国若烹小鲜。以道莅天下，其鬼不神。非其鬼
不神，其神不伤人。非其神不伤人，圣人亦不伤人。夫两不相伤，
故德交归焉。"[2]根据杨润根的理解，意思是说，对于理解人类存在
及生活的道德本原和道德本质的圣人来说，治理一个大国将犹如
加工一道美味的小菜一样轻而易举，得心应手；使每一个人都认
识自己存在的道德本原和道德本质，使每一个人都把道德置于自
己的心灵之中，那么各种自私的、邪恶的意念就不会在每个人的

1　参见杨润根：《发现老子》，第 16 页。

2　杨润根：《发现老子》，第 279 页。

心灵中产生。"当人们确立了道德对自己心灵的绝对统治，那么任何个人内部的邪恶意念都不能败坏人们的心灵并诱使人们堕落犯罪；而当圣人确立了道德对整个国家的绝对统治，那么任何社会外部的邪恶力量也都不能败坏人们的心灵并诱使人们堕落犯罪了。当个人内部的邪恶意念和社会外部的邪恶力量都不能败坏人们的心灵并诱使人们堕落犯罪，那么人们天生的道德存在和道德本质也就从人们存在的内部与外部两个方面都回归于人们的心身相统一的存在之中，并与人们融为一体了"[1]。

德政是自然之政。老子认为，圣人是认识道并自觉遵（天）道而行的人。"道法自然"，自然是道之本质特性，因此，遵道而行的圣人实施的政策是合乎自然的。"其政闷闷，其民淳淳；其政察察，其民缺缺。祸兮，福之所倚，福兮，祸之所伏。"[2]统治者所制定的各种政策如果是合乎自然、合乎常理的，也就不必兴师动众地强制推行，而这样的政策可以促进乃至造就人民的真诚善良的道德品质；反之，统治者所制定的各种政策如果是别出心裁所设计、冥思苦想所想象出来的，而不是根据实际情况实事求是地制定出来的，因而是不合自然、不合常理、令人不解的，需要大张旗鼓宣传、不遗余力地强制推行的，这样的政策也必然使人民迷失其自然的纯朴善良的本性，把人民的道德品质引向腐化堕落。"天之道，损有余而补不足；人之道则不然，损不足以奉有余。孰

---

1 杨润根：《发现老子》，第 281 页。
2 杨润根：《发现老子》，第 272 页。

能有余以奉天下？唯有道者。是以圣人为而不恃，功成而不处，其不欲见贤。"[1]圣人统治人类社会不凭个人的主观意志行事，而只按道之必然性活动，他们对社会的统治犹如道之统治世界一样，只是协调、管理、服务于社会，而决不企图在这种协调、管理、服务于社会的活动中追求仅仅属于自己个人的目的，获取仅仅属于自己个人的利益；他们与人民共同创造着一个和谐、幸福、美满的社会，而决不企图把这一切成果都占为己有。

德政是无为之治。老子曰："圣人云：我无为而民自化，我好静而民自正，我无事而民自富，我无欲而民自朴。"[2]根据杨润根的理解，老子"无"的概念与世界整体相联系，它指的就是世界的普遍无限的整体，就是无极、太一、道。"无"与个别的具体有限的事物和行为相联系，它指的就是否定或超越个体，把个体提高到普遍无限，提高到整体世界[3]。老子讲的无为、无知、无欲中的"无"都是这个意思。"无为"是指超越个体片面有限的、以自我为出发点、以自我为目的的活动，从而达到与普遍无限的世界整体融为一体的结果。只有这种活动才是合乎自然、合乎道德、合乎个体存在的世界本质的。"无知"是指不以片面有限的个体而以普通无限的世界作为自己认识的对象；"无欲"是指超越个体自私自利的欲求，以人民的欲求为欲求。老子曰："是以圣人之治：虚

1　杨润根：《发现老子》，第 340 页。

2　杨润根：《发现老子》，第 266 页。

3　参见杨润根：《发现老子》，第 16—17 页。

其心，实其腹，弱其志，强其骨。常使民无知无欲，使夫智者不敢为也。为无为，则无不治。"[1] 圣人治理国家的方法是："扩大人民的心胸，使其免于自私与偏狭；确保人民的需要，使其免于饥饿与寒冷；提高人民的意志，使其免于自蔽与短见；保障人民的健康，使其免于疾苦与病痛。"[2] 只有这样，人民的道德品质才会提高，崇高境界才会提升，人与人的关系才会达于和谐统一、协调一致，人民在这种关系之中也将获得自由和幸福。

老子主张，圣人实施德政不仅是为了使百姓百倍获利，使人与人之间恢复相亲相爱的关系，使盗贼无有，更为主要的是提升百姓的品质，因为它是文明社会的根本。"绝圣弃智，民利百倍；绝仁弃义，民复孝慈；绝巧弃利，盗贼无有。此三者，以为文，不足，故令有所属：见素抱朴，少私寡欲，绝学无忧。"[3] "民利百倍""民复孝慈""盗贼无有"三个政治目的的实现只是人类文明得以重建的基础，但还不是人类文明本身，它们作为人类文明的标志还是远远不够的。一个社会达到真正的文明还必须满足下列根本条件：使社会中的每一个人都注重自然平凡的真理，保持自然质朴的品质；减少一己的私念，削弱个人的欲望；弃绝那些与人和世界的本性或本质相违背的学问、知识，达到与整个世界融为一体的无忧无虑、无私无畏的绝对价值的状态。

1　杨润根：《发现老子》，第 22 页。

2　杨润根：《发现老子》，第 27 页。

3　杨润根：《发现老子》，第 102 页。

总之，老子德之思想博大精深、深刻独到、发人深省，对人们准确把握道德的内涵，重新理解道德之于人的价值，全面认识善德者的崇高人格，深刻领悟德治的价值和目标，具有重要的理论参考价值。

四、兼相爱，交相利

墨子（约前468—前376），姓墨名翟，春秋末期、战国初期思想家，墨家创始人，被后人尊称为墨子。其出生地不详，有的说他是宋国人，有的说他是鲁国人。他先后到过鲁、宋、齐、卫、魏、楚等国，并且在宋昭公时做过宋国大夫。从墨子的一生活动来看，他属于"士"的阶层。墨子曾长期奔走于各诸侯国之间，宣传他的政治、道德主张。相传他曾止楚攻宋，实施兼爱、非攻的主张，又屡游楚国，献书于楚惠王。晚年他又到齐国，想劝止项子牛伐鲁却未成功。越王曾经邀他做官，并许以封地爵禄，但他不看重这些，却以"听吾言，用吾道"为条件前往，力图实现他的政治抱负和道德主张。墨子是先习儒而后非儒，他曾学"儒者之业""孔子之术"，但因不满于儒家思想及其繁文缛节，便"背周道而用夏政"，抛弃了儒学，另创新说，成为先秦诸子学派之一，名为墨家。墨家是当时唯一可以与儒家相抗衡的学派，时称"儒墨显学"。墨子的德思想主要体现于其"兼相爱，交相利"的学说之中。

1. 兼相爱

"兼爱"是墨子道德思想的核心。"兼"字的本义是一手执两禾，引申为同时具有或涉及几种事务或若干方面，具有总全、兼顾的意思。"兼爱"是不分人我、不别亲疏、无所等差的平等的爱，即不分血缘亲疏和等级贵贱的无差别的爱，是一种博爱。这种爱不同于儒家的"偏爱"，即以宗族关系和等级制度为基础的有差别的爱。墨子发现儒家仁爱之弊端，提出用"兼爱"代替儒家之"偏爱"。

墨子认为，天下的灾祸、篡夺、埋怨、仇恨之所以产生，都是因为人们不能相爱而产生的，因此有仁德的人都指责人们不相爱。他说，诸侯只知道爱自己的国家，不爱别人的国家，所以毫无忌惮地动员本国的力量去攻伐别国；家族宗主只知道爱自己的家族，而不爱别人的家族，因而毫无忌惮地动员本族的力量去掠夺别人的家族；人只知道爱自己，而不爱别人，因而用全身的力量去残害别人。所以诸侯不相爱，就必然发生野战；家族宗主不相爱，就必然相互掠夺；人与人不相爱，就必然相互残害。君臣不相爱，就不会互相施惠、效忠；父子不相爱，也不会相互慈爱、孝敬；兄弟不相爱，必然不融洽、协调。天下的人都不相爱，强大的就必然控制弱小的，富裕的就肯定欺侮贫困的，尊贵的也会傲视卑贱的，狡诈的就必然欺骗愚笨的。因此，举凡天下的祸患、掠夺、埋怨、怨恨产生的原因，都是因为不相爱。所以仁者诅咒它。(《墨子·兼爱中》)

墨子认为，要消除天下的祸篡怨恨，保持和恢复人类之间的相爱平等关系，别无他途，唯有"以兼相爱，交相利之法易之"（《兼爱中》）。为了实现人与人的亲爱关系，必须使人们"兼相爱，交相利"。墨子认为兼爱和交利是因果关系，兼相爱必然导致交相利的结果，而交相利又是兼相爱的物质基础。那么怎样才能做到"兼相爱，交相利"呢？墨子认为："视人之国，若视其国；视人之家，若视其家；视人之身，若视其身。"（《兼爱中》）就是说，对待别人的国家，好像对待自己的国家；对待别人的家族，好像对待自己的家族；对待别人的身体，好像对待自己的身体一样。这样，诸侯之间相爱，就不会发生不义战争；大夫之间相爱，就不会发生争夺；人与人之间相爱，就不会相互残杀；君臣之间相爱，就会君赐恩惠、臣下效忠；父子之间相爱，就会父亲慈爱、儿女孝敬；兄弟之间相爱，就会相互友好、和谐。天下的人都相爱，强大的人就不会掌控弱小的人，人多的就不会强迫人少的，富足的人就不会欺侮贫困的人，尊贵的人就不会看不起卑贱的人，狡诈的人就不会欺骗愚笨的人。因此，天下祸患、掠夺、埋怨、愤恨消失的原因，就是因为人们相爱。可见，兼爱即是爱人如己，爱无差等，视人若己，对待别人就要像对待自己一样，多从对方的角度考虑问题，从对方的立场来看待问题，这样可以增加相互间的理解，避免不必要的误解，消除冲突。

　　人类既爱自己也爱别人，与人交往要彼此有利。在人类社会生活中，人们的利益追求方式和实现利益的途径各不相同，但人们各自的利益始终处于相互的关联和相互的交往之中。墨子认为，凡是爱别人的人，别人也相应地爱他；有利于别人的人，别人也相应地回报他；憎恶别人的人，别人也相应地憎恶他；损害别人的人，别人相应地损害他。因此，懂得了这一道理，实行兼爱有什么困难呢？墨子举例说明，如果君主喜欢、倡导什么，那么士众就能做到什么。从前越王勾践喜欢勇敢的人，训练他的将士三年，觉得自己还不知道效果如何，于是故意放火烧船，擂鼓命将士前进。将士听到鼓声，打破行列秩序乱冲横行，蹈火而死的人、近臣达一百人有余。越王于是敲锣，让他们退下。所以墨子说，牺牲生命以换取荣誉，这是天下百姓看起来很难做到的事。但是只要君主喜欢，那么众人就都能做到。而兼相爱、交相利，这是有利而容易做到，并且是好处不可胜数的事。只是没有君主喜欢、倡导罢了，只要有君主喜欢，用奖赏称赞来勉励大家，用刑罚来威慑大家，大家拥护"兼相爱、交相利"，就会像火向上、水向下一样自然，天下是不可防止得住的。(《兼爱中》)

墨子不仅提倡兼爱，还以自己的实际行动践行兼爱。孟子评价说："墨子兼爱，摩顶放踵利天下，为之。"(《孟子·尽心上》)墨子的行动充分体现了积极救世的仁者之心，具有一种博爱的情怀。据传，楚惠王时，公输般为楚王制造云梯，准备攻打宋国。墨子听到了，便从鲁国前往，裂裳裹足，走了足足十天十夜，才到达楚国的首都郢城，向楚王说明攻战的不义。同时，他解下衣带当城，取些小木片当守城的器械，公输般九次设下攻城的机变，墨子九次抵抗他，公输般器械用尽，墨子防守有余。并且，墨子告诉楚王，他早已派其弟子禽滑厘带着三百多人，拿着自己制造的守城器械，替宋国守城。楚王听后，不得不放弃了攻打宋国的打算。但当他自楚返鲁经过宋国的时候，天正下着大雨，墨子到一个里门内去避雨，却遭到守门人的拒绝，他也不计较。其后，楚鲁阳文君欲攻郑，齐太公田和欲伐鲁，墨子听后亦不计一切的艰苦和危险，前往说以大义，而使他们作罢。墨子止楚攻宋后，献书给楚惠王，惠王读过后称为"良书"，表示虽不能按书上所说的去做，但愿意把墨子当作贤人供养起来。墨子认为"道不行不受其赏，义不听不处其朝"（《墨子·闲诘》卷十二），于是辞行。

墨子志在为天下人谋利益，对于名利看得极淡，他生活也极其俭朴，"量腹而食，度身而衣"（《鲁问》）。据记载，越国国君有感于墨子之道，要求墨子至越国，来辅佐他。越国国君承诺，只要墨子应允，他将封地五百里予墨子，待遇极为丰厚。然而墨子对此却漠然处之，对接待的人说，如果越王听他言，用他道，他将度身而衣，量腹而食，列于群臣中，不求封地。反之，如果不听其言，不用其道，即使把越国的土地全给他，自己也不会接受。由此可见，除了践行"兼爱交利"的道德原则和实现自己理想的道德人格以外，墨子别无他求。为了坚持"兼爱交利"的大义，墨子即使面对重重困难和阻力，也毫不畏缩。据《墨子》一书记载，墨子为了践行"兼爱交利"的"义"可以不顾一切，甘愿自讨苦吃，而他的老朋友对此却不理解，因而劝告墨子说："现在天下的人，都不行仁义，只有你一个人为了仁义，自讨苦吃，你不是太苦了嘛！"墨子对此颇不以为然，他举了一个饶有意味的例子回答其朋友道："有这样一家人，全家十口，只有一个人耕作而有九人吃闲饭。在劳少而食众的情况下，耕者不但不能懒怠，还必须加倍地努力耕作。这是为了什么？是因为食者多而耕作的人太少的缘故。同样的道理，如今天下人都不行仁义，先生应该劝我更加倍地努力去践行仁义才是，为什么反而劝我不去践行仁义呢？"（《贵义》）由此可见，墨子为了实践其"兼相爱，交相利"的道德理想，不会被任何困难所阻挡。总之，墨子的"兼爱"思想，是对孔子"爱人"思想的发展，反映了社会处于阶级冲突、利益竞争境况下，劳动者祈求人与人之间互相同情、互相关心、互相爱护，向往人际友爱、亲善的美好道德愿望。

2. 利民节俭

墨子"兼相爱，交相利"的伦理准则，运用到国家对待人民的态度上，即"利民节俭"。墨子提倡的社会习俗，都要以是否"利民节俭"为转移。他的"节用""节葬""非乐"等主张的提出，就是以利民节俭思想为出发点的。尽管孔子也曾提到"节用而爱人，使民以时"（《论语·学而》），但儒家强调"节用以礼"，即节用以维护礼制为标准，并不反对贵族统治阶级的种种奢侈浪费。墨子则从尊重人的生产劳动成果，维护劳动人民的实际利益出发，提倡人们在社会生活中普遍实行节俭，把节俭看作是实行"兼爱"道德原则的一个重要方面。

墨子认为，一切加重人民负担，而不给人民带来利益的事情，都是不能干的。他说，造出的东西，只要足以供给民用就行。那种只增加费用而民利不增的事情，就不要去做。他提倡衣食行居应当讲究实用，反对讲排场、比阔气的奢靡之风。他指出，穿衣之道，在于冬能防寒，夏能取凉；居住之道，在于冬避风寒，夏避暑雨；行路之道，在于车以行陆，舟以行川；饮食之道，在于保养体质，使耳目聪明。凡是不顾实用，追求浮华奇异的都是浪费，对人民有害无益。他主张要像古代圣王那样，在饮食、衣裘、兵甲、舟车、宫室、丧葬等方面，都要遵循节俭利民的原则，使王公大人的消耗有一定的限度。遵守这个限度，符合"节用"的要求，是"天德"；相反，超过这个限度，就叫奢侈。而奢侈浪费，挥霍民财，便会侵害别人的生存权。他说，由于现在天下当政的人的奢侈浪费，把民众役使得极为辛苦，收取的赋税又十分繁重，民众的财产不足，受冻挨饿而死的人，数不胜数。因此，墨子认为，虽然人人都有"身知其安""口知其甘""目知其美""耳知其乐"的天性，但如果这种享受"上考之不中圣王之事，下度之不中万民之利"（《墨子·非乐上》），损害了百姓的利益，违背了节俭的美德，这种享受就是损人利己的行为，应予反对。

墨子坚决反对儒家倡导的厚葬和久丧，认为这是不仁不义的，只有丧事从俭，才符合仁义道德。针对当时儒家认为厚葬久丧是符合仁义和孝道的观点，墨子提出，仁义与否，要看是否有利于"富贫众寡，定危治乱"。他认为，厚葬久丧会导致严重危害，如浪费大量民财，损害人们健康，破坏正常生产，影响人口增殖；其结果是"国家必穷，人民必穷"，"衣食之财必不足"，危及天下安宁。因此，厚葬久丧不能使国家富裕、人口增加、社会安定，而是相反，只会使国家贫、寡、乱。墨子说："以厚葬久丧者为政，国家必贫，人民必寡，刑政必乱。"（《节葬下》）因此，厚葬久丧就是不仁的、不义的。同时，墨子也认为厚葬久丧并不能真正行孝道。他认为，厚葬久丧会使居上位的不能听政治国，刑事政务就必定混乱；在下位的不能从事生产，衣食之资就必定不足。假若衣食不足，做弟弟的向兄长求索而没有所得，不恭顺的弟弟就必定要怨恨他的兄长；做儿子的求索父母而没有所得，不孝的儿子就必定要怨恨他的父母；做臣子的求索君主而没有所得，不忠的臣子就必定要叛乱他的君上。这样互相怨恨，还有什么孝道可言呢！因此，厚葬久丧，"非孝子之事也"（《节葬下》）。

墨子主张"非乐"，认为动人的音乐好听，但不能解决广大人民最迫切的生活问题，听音乐不能当饭吃，也不能当衣穿。他说，民众有三种巨大灾祸：饥饿的人得不到食物，受冻的人得不到衣服，劳苦的人得不到休息。那么，当民众撞击大钟、敲打鸣鼓、弹奏琴瑟、吹奏竽瑟并挥动干戈来跳舞，他们的衣食之资就可以得到解决了吗？这是不可能的事。墨子指出了王公大人欣赏音乐的害处。为了演奏音乐，需要奏乐设备，费用是要由老百姓负担的。有了设备，就需要人演奏，而演奏还是要乐人去效力。老弱都不能胜任乐人的工作，必定要年轻力壮的男女才行。青壮年去做乐人，男的耽误了种田，女的耽误了纺织，这又浪费了劳动力。仅仅从演奏音乐这一点来说，已经使生产遭到了损失。同时，演奏者、歌舞者绝不能穿粗布短袄，歌舞的人绝不能吃粗劣的粮食，否则营养不良，面黄肌瘦，看起来不免寒碜。这些本来可以从事生产的人，现在反而要靠别人来养活他们。所以，墨子认为王公大人欣赏音乐歌舞，就是掠夺民众的衣食财物。接着，墨子进一步分析音乐艺术的享乐对国家政治和生产所带来的损失：王公大人喜听音乐，就会不理朝政，致使国家昏乱；士君子喜听音乐，就不能尽大臣的职责；农夫好听音乐，则不能早出暮归，好好耕作，致使菽粟不足；妇女好听音乐，则不能夙兴夜寐、勤于纺织，致使布帛短缺。因此，墨子做结论说：现在天下的士人君子，诚心要为天下人谋利，为天下人除害，对于音乐这样的东西，是应该禁止的。不过，墨子不是一概地反对和否定音乐。墨子否定音乐的实质，是反对统治阶级"亏夺民衣食之财"，为追求声色之乐而加重人民的负担和痛苦。从这个意义上说，墨子的非乐主张包含着民主性的思想。

总之，墨子认为凡是不顾实用，追求浮华奇异者都是浪费，对人民有害无益。一切社会财富的浪费，都是对劳动人民利益的损害。倡导节俭的美德，是对劳动人民的关心和尊重。墨子的利民节俭思想体现了劳动人民的利益，成为中华民族的一种优良传统。

五、礼者，人道之极也

荀子（约前313—前238），名况，字卿，汉人避宣帝（刘询）讳，称孙卿（古荀、孙同音）；赵国（今山西南部）人，战国后期重要的思想家、教育家、哲学家。荀子曾在齐国游学，是"稷下先生"之一，并三为"祭酒"，三次荣任学官主讲，在当时享有很高的学术地位和声望。秦昭王时，荀子到秦国，赞叹商鞅变法后的秦国是"治之至也"，大有将其孜孜追求的统一愿望寄托在强秦身上之意；于是他规劝秦王启"儒"行"王"，但这恰恰与秦王的"霸道"路线背道而驰，故荀子只能碰壁怏怏而归。此后，荀子到了楚国，受春申君之命任兰陵令，其间曾至赵国议兵，但未获重用，不得不重回楚国。春申君被刺身亡后，荀子也被罢官，此后他不再求仕，专力著书直至故去。荀子一生怀旷世报国之才具抱负，奔走于天下，竭图列国君王之赏识重用，期望能化其政治蓝图为伟业，结果却事与愿违，不得不终其一生以著书立说，教书育人。他培养的学生有韩非、李斯等，这些人都是著名的法家人物，在历史上的影响绝不亚于其师。

荀子之学本宗于孔，不出儒家立场，他是先秦儒家的最后一位大师。但由于荀子本人阅历多、涉猎广，又处于战国各家各派论辩争雄、相互渗透的高峰时期，故能不拘于儒家的旧述陈说，稽考百家长短，和合融摄诸子之说，成为先秦诸子百家的集大成者。荀子的德思想，以"性恶论"为理论基础，以"礼"为核心，强调了礼的道德规范本质和功能。此外，他还在德之修养和教育方面提出了不少卓越的见解。

1. 礼为德之极

荀子继承和发展了孔子的"克己复礼"思想，把"礼"看作个人及整个社会生活的最高行为准则。他说，人无礼则难以生活，事无礼则难以办成，国无礼则难以安宁。可见，荀子认为，礼是修身、行事、治国的根本。同时，荀子还把礼看作人类行为活动应当依循的最高的准则和道德的最高境界。他举例说，绳墨是取直的标准；秤是取平的标准；圆规曲尺是方圆的标准；礼是社会道德规范的最高准则。又说，礼是法度的前提、各种条例的总纲，所以要学完礼才算是学习的结束，也才算达到了道德之顶峰。可见，荀子把礼视为德之主要准则和最高标准。

礼是人修身的基本方式和依据，依礼修身则成，违礼则废。荀子认为，凡理气养心的方法，没有比遵循礼义更直接的了：对血气刚强的，就用心平气和来柔化他；对思虑过于深沉的，就用坦率善良来同化他；对勇敢大胆凶猛暴戾的，就用不可越轨的道理来帮助他；对行动轻易急速的，就用举止安静来节制他；对心胸狭隘气量很小的，就用宽宏大量来扩展他；对卑下迟钝贪图利益的，就用高尚的志向来提高他；对庸俗平凡低能散漫的，就用良师益友来管教他；对怠慢轻浮自暴自弃的，就用将会招致的灾祸来提醒他；对愚钝朴实端庄拘谨的，就用礼制音乐来协调他，用思考探索来开通他。荀子提出，凡是人的血气性情、心志意识、智慧思考，依照礼就有条理，就行得通，不依照礼就惑乱，就懈怠；饮食、衣服、住室、动静，依照礼就和谐，就有节制，不依照礼就犯过失，出毛病；容貌、态度、进退、奔走，依照礼则文雅，不依照礼就傲慢乖邪，违背人之常情，庸俗而粗野。礼能使人正心、诚意、修身，使生活、情欲得以节制，一举一动都合规中矩，合乎中庸之道。荀子说，礼既适宜于用来处守显达的顺境，也有利于处守困窘的境遇。凡是使用血气、意志、智慧和思虑的时候，遵循礼规就通达顺利，不遵循礼义就产生谬误错乱，行为就会迟缓怠惰；在吃饭、穿衣、居处及活动的时候，遵循礼义的行为就会和谐适当，不遵循礼义就会触犯禁忌而生疾。(《荀子·礼论》)

礼规定了人际交往的准则。荀子认为，礼不仅体现了尊卑等级关系，而且是维持人际关系和伦常秩序的准则，是人际交往中不可或缺的行为规范和标准，专门用来调节人与人之间的关系。他说，礼就是对地位高贵的人要尊敬，对年老的人要孝顺，对年长的人要敬从，对年幼的人要慈爱，对卑贱的人要给予恩惠。因此，礼的实质是彰显社会交往中每个人应有的态度和行为，要求每个人都要以此行事。荀子认为，做事不按照礼是不恭敬的，说话不符合礼是不可信的。内心没有礼的标准，君臣之间就不能互相尊重，父子之间就不能互相亲爱，兄弟之间就不能和顺，夫妇之间就不能欢快。而生活中如果人人都以礼为指导，则会呈现另外一种局面。可见，荀子认为，只有规定每个人的行为准则，设定各种人际关系中的人与人之间的义务，才会实现人与人之间关系的和谐。

礼的社会职能在于"合群制分"。荀子的"群分说"强调，人的力气虽然不如牛，奔跑能力不如马，但牛、马却能被人役使，这是因为人能结成社会群体，而牛、马们不能结成社会群体。而人为什么能结成社会群体呢？就是因为人有等级名分，各自发挥着相应的职能。等级名分为什么又能实行呢？就是因为人懂得制定礼义。有了礼义，就有了社会道德规范，人们都明确地知道自己的社会地位和职责，并能尽自己的本分，这样人和人之间就不会发生争夺，就会有很好的社会秩序。社会秩序好了，人们就能团结在一起；团结在一起，力量就会强大，就能够很好地利用自然界，使全体社会成员都获得经济利益。因此，荀子认为，社会离不开礼义，只有按照礼义的原则使人们有分工、地位等级以及财富分配的差别，才能保证人们的团结和社会的秩序。可见，荀子将礼义作为群而有分的最高准则，认为人有了伦理道德，自然可以在群体中各安其分，各尽其职，只有这样，社会才会和谐。

2. 化性起伪

荀子从人的自然属性层面探讨了人性恶问题，并提出"化性起伪"的思想。荀子说："人之性恶；其善者伪也。"（《性恶》）这是说，"性"是"生之所以然"的东西，是人的生理和心理的自然本能，是本恶的。"伪"是人为的东西，是人通过后天的"积虑""能习"而形成的品质，因而是善的。性属于自然而然的东西，是与人的后天学习、努力相对立的。虽然荀子的人性论与孟子的刚好相反，认为人的本性是恶的，但是，他也认为人人能够成为圣人。荀子承认："涂之人可以为禹。……然而涂之人也，皆有可以知仁义法正之质，皆有可以能仁义法正之具，然则其可以为禹明矣。"（《性恶》）可见，孟子说人皆可以为尧舜，是因为人本来是善的；荀子论证涂之人可以为禹，是因为人本来是智的，能够通过教化通晓礼义并自觉践行礼义。荀子认为，凡是合乎礼义法度遵守社会秩序者为善，偏邪捣乱社会秩序者为恶。

荀子认为，所有人的本性都是恶的，圣人、君子和一般人的区别在于能够化性起伪。实现化性起伪的重要手段和途径是加强道德修养，而加强道德修养的重要途径有以下四个方面。首先要学礼、知礼。荀子说，礼义道德不是人的自然本性中所固有的，所以人要通过后天的学习、培养才能具备，人的自然本性也不懂得遵守礼义道德的重要性，所以人要在实践中借助理性的思考才能认识和掌握。只有认识、掌握了礼义的重要性，人们才能遵守社会秩序，遵守礼义之道。因此，只有学习了立身处世之原则的礼，才会掌握做人处事之道，也能提高自身的德性修养，这也就是学习的根本。故荀子说，学完礼，学习就算结束了，这可以叫作达到了道德的顶点。也就是说，通过学礼可以使人知礼从善。其次要知礼而"行之"，也就是"学至于行之而止矣"（《儒效》）。

荀子举例说，曾参、闵子骞、孝己有孝道的好名声，并不是上天偏爱他们，而是他们努力实行礼义的缘故。秦国的民众在对待父子之间、夫妇之间的关系上，不如齐国、鲁国民众遵守孝道而有礼义，是由于秦国的人放纵情欲本性，任意胡作非为，轻视礼义的缘故。再次要持之以恒、反省存善。荀子说，看到善良的行为，一定一丝不苟地拿它来对照自己；看到不好的行为，一定心怀恐惧地拿它来反省自己；自己有了好的品行，一定要坚定不移地珍视它；自己有了不好的品行，如同它玷污了自己一样，一定要将它抛弃掉。只有这样坚持不懈，才能成就自身的德性。荀子强调，活着自觉遵循礼义，就是死也得遵循这礼义，这就叫作道德操守。有了这样的道德操守，然后才能站稳脚跟；能够站稳脚跟，然后才能应付各种复杂的情况。能够站稳脚跟，又能够应付各种情况，这就是成熟完美之人。最后是自觉向老师学习。荀子认为，学识渊博、品行高尚的教师在"化性起伪"中具有重要作用，一个人想要在道德上不断进取，应当"师贤师"，向深谙礼义之道的教师学习。他说，礼义道德是人们应当遵循的基本行为规范，教师则是正确理解礼义道德的人。没有礼义，就不知道如何行动；没有教师，就不知道按照礼义行动的合理性。按照礼义而行动，人的天性情欲就能恰当地得到调适。如能像教师一样行礼义、知礼义，就是一个道德高尚的人了。荀子把"天""地""君""师"看作"礼之本"，认为教师在整个社会中享有崇高的地位，人们要积善成德，就应当"隆师"。他强调说，教师和礼义，是人生最宝贵的东西，没有教师和礼义，是人生的最大祸害。不向教师学习，不懂礼义，就必然恣其情欲而为恶；向教师学习，懂礼义，就会重视积善成德而为善。

3. 以义制利

重义还是重利，是影响人们道德行为选择的重要因素之一。在义与利的关系上，荀子提出"以义制利"，即以道德礼义节制人的利欲的基本准则。一方面，荀子认为，人的"好利""好声色"的自然本性是天生的。"性"的实质就是"情"，而"情"的表现就是"欲"。所以，人有求利欲望，这是性情的必然。荀子说："饥而欲食，寒而欲暖，劳而欲息，好利而恶害，是人之所生而有也。"（《非相》）人生而有欲，饥则欲饱，寒则欲暖，好利恶害，这些欲望与每个人的生命存在直接同一性。荀子又曰："性者，天之就也；情者，性之质也；欲者，情之应也。以所欲为可得而求之，情之所必不免也；以为可而道之，知所必出也，故虽为守门，欲不可去，性之具也；虽为天子，欲不可尽。"（《正名》）在荀子看来，人是一种自然的存在物，人有利欲是十分自然而然的。只要是人，上至天子，下至百姓，都有求利之欲，这是不可能去掉的。

另一方面，荀子又认为，人的利欲是不可消除的，也是无穷的，而社会财富却是有限的，人的利欲实际上难以得到充分的满足，因此对于人们的利欲应在引导的基础上给予节制。荀子说，人生来就有欲望；如果欲望得不到满足，就会有索求；如果索求没有限度和止境，就会争斗；一发生争夺就会有祸乱，一有祸乱就会陷入困境。古代的先王厌恶那祸乱，所以制定了礼义制度来确定人们的名分，以此来调养人们的欲望、满足人们的要求，使人们的欲望绝不因物资的短缺而得不到满足，使物资绝不会因为满足人们的欲望而耗尽，使物资和欲望两者在互相制约下而长久平衡协调。

荀子在强调"以礼养欲"的同时，也清醒地意识到，人是一个充满无限欲望的感性存在，人所先天禀赋的内在之性是"恶"。如果一味顺应人性的先天需求，就会导致恶欲的极度膨胀，人性本身的先己后人（自私）的特性，经由生命个体到生命全体的扩展后，就会出现为了自己的生存而争夺、残害、淫乱的混乱局面。因此，为了避免个人欲望膨胀导致的混乱情况发生，为了防止个人对他人和社会的恶意损害，不能仅靠礼义来调养人的欲望，必要时还应"以义制利"，即用礼义来制约、节制人的不正当的欲望。荀子强调说，人的欲求是没有止境的，它不能完全得到满足，充其量是接近于满足。在欲望得不到满足时，就需要依礼义的要求对人的欲望加以节制，从而防止因为利益的不满足而徒生个体的苦恼和社会动乱。可见，依靠礼义道德这些引导和节制利欲的规范，才既可能恰当地满足人的情欲，又可合理地节制人的情欲。

总之，荀子"以义制利"的义利观，主张在以礼节欲的前提下"义利两有"，功利的获得以礼义为条件，应当"先义而后利"。这样既克服了纵欲主义和极端功利主义的错误，又避免了禁欲主义和"寡欲"说的消极倾向。荀子"以义制利"的义利观，显然汲取了儒家"见利思义"说、墨家"贵义""尚利"说、法家的人性自然、"趋利避害"说等各种思想学说中的合理成分，在先秦诸子的义利之辨中，具有批判的总结意义。[1]

4.积善成德

荀子认为，良好的道德品质的形成由于"注错之当"，即选择适当的行为举止，养成良好的行为习惯，专心致志地不断积累的结果。积，积累，是人们后天形成的一种能力，"积也者，非吾所有也，然而可为也"（《儒效》）。他认为，居住在楚国的是楚人，居住在越国的是越人，楚人之不同于越人，并非由于他的天性，而是"积靡使然也"，因此"人积耨耕而为农夫，积斫削而为工匠，积反货而为商贾，积礼义而为君子"（《儒效》）。他说，人性虽然是天生的，不是人为的结果，但却是可以改变的；通过习俗和习惯的积累，可以改变人的志向和道德品质。正因为人性可以通过培养良好的行为习惯来加以改变，所以美德的养成，实际上是一个逐步培养和积累的过程。普通的百姓只要努力学习，积累善行，也可以成为圣人。荀子说："故积土而为山，积水而为海，旦暮积谓之岁；至高谓之天，至下谓之地，宇中六指谓之极。涂之人百姓积善而全尽，谓之圣人。彼求之而后得，为之而后成，积之而后高，尽之而后圣。故圣人也者，人之所积也。"（《儒效》）显然，荀子认为，人的品德不是天生的，而是"俗之所积"，通过选

---

1 参见王正平：《中国传统道德论探微》，第 105 页。

择正确的行为，培养良好的行为习惯，可以积善成德，"涂之人可以为禹"。

荀子还认为积有积大和积小之分，积大是指积累大成果，积小是指积累小成果，只有善于积小才能积大。他说："积微，月不胜日，时不胜月，岁不胜时。凡人好敖慢小事，大事至然后兴之务之，如是，则常不胜夫敦比于小事者矣。是何也？则小事之至也数，其县日也博，其为积也大；大事之至也希，其县日也浅，其为积也小。"（《强国》）这是说，积累小成果，按月积累不如天天积累，按季度积累不如按月积累，按年积累不如按季度积累。人一般都轻视、怠慢小事，对大事则要等到它来了才振作起来去办理，这样就常常比不上那些认真办理小事的人了。这是为什么呢？因为小事来得频繁，处理它花费的时间多，积累起来的成果就大，而大事来得稀少，花费的时间少，积累起来的成果也就小。由此强调人们学习应在小事上下功夫，"能积微者速成"，人只要从细微处着眼，持之以恒，就可达到高尚的道德境界而成为圣人，圣人的可贵之处就在"积伪"。圣人积伪而制定了礼义法度，如果凡人也坚持积伪，同样可以成圣人。

同时，荀子认为，积善成德是离不开道德实践的，他提出了"知之不若行之"的重要观点。他说，没有听到不如听到，听到不如见到，见到不如理解，理解不如实行。实行是学习的目的和归宿。因为只有实行了，才能明白事理，明白了事理就是圣人。圣人以仁义为根本，能恰当地判断是非，能使言行保持一致，不差丝毫，这并没有其他的窍门，就在于他能把学到的东西付诸行动罢了。所以听到了而没有见到，即使听到了很多，也必然有谬误；见到了而不理解，即使记住了，也必然虚妄；理解了而不实行，即使知识丰富，也必然会陷入困境。不去聆听教诲，不去观摩考察，即使偶尔做对了，也不算是仁德，这种办法采取一百次会失误一百次。可见，荀子认为，闻、见、知、行，是人们学习仁义道德的四个阶段。行不仅是道德学习的最高阶段，而且行高于知。这是因为，只有率身实践自己知道的礼义道德，才能对什么是礼义道德更加认识深刻，真正掌握礼义道德，成为道德高尚的人。只有把道德认识付诸实践，才是对道德真正的认识。知而不行，必然陷入谬妄困惑，对人的道德增进并无益处。总之，荀子认为，道德上坚持知行合一，能够不断提高人的道德觉悟。在道德实践中锲而不舍，积善成德，可以达到"神明自得，圣心备焉"的崇高道德境界。

第三章

两汉时期之德

一、道冰而为德

贾谊（前 200—前 168）是我国西汉初期著名的政治家、思想家。贾谊是位"少年才子"，十八岁时就以诵诗撰著而闻名当地。他曾受学于李斯的学生吴廷尉，后又师从荀况的学生张苍，可谓精通诸子之言。二十余岁就被汉文帝召为博士。虽然在当时的众博士中，贾谊年纪最小，但是每次商议诏令时，他都能应对自如。因此，一年后贾谊便被破格任命为太中大夫。贾谊少年得志，意欲在政治上大有所为。他针对当时的社会状况，提出了一系列的改革措施。这些措施虽然未能全部实施，但是后来汉朝改制（改正朔、易服色），诸项法律和诸侯国治理方针的制定，其源皆出自贾谊。汉文帝对贾谊颇为欣赏，一度准备让他升迁至公卿之位。然而，贾谊的所为却引起了不少公侯旧臣的不满，他们联名反对，集体上奏说："贾谊本是洛阳少年，意在擅权，不宜重用。"文帝虽有心提拔贾谊，但这些大臣都是立过大功的朝廷重臣，他们的意见文帝也不得不考虑。文帝只好改变主意，让贾谊离开京城，到遥远的南方去做长沙王的太傅。当时，贾谊正值少年，才华又高，文帝很欣赏他，没想到一帆风顺的时候忽然受挫。这次挫折对贾谊打击很大，使他常自喻为屈原之不遇。三年后，文帝再次召见贾谊，问他鬼神之事。这次召见虽未能让文帝重新采纳贾谊的政见，但他的才华又得到了赏识。因此，不久贾谊就被改任为梁怀王太傅。梁怀王是文帝的少子，非常爱读书，文帝很喜欢他，所以才叫贾谊去辅佐他。在此任期间，贾谊仍以"忧汉室"之心，几次上疏谏政，但都未被采纳。后来，梁怀王骑马时不幸坠马摔死，贾谊自责未尽到太傅之责，常常哭泣，不久郁郁而终，死时年仅三十三岁。

贾谊之思想承袭于先秦诸子学说，受荀子的儒家学说熏陶并兼容道家观点，用道家理论诠释儒家经典。贾谊反思秦朝重法轻德、专任刑罚而亡的历史教训，立足现实社会生活环境，吸取前人德政之思想成果，为汉王朝制定仁义之政和传承西周重建"礼制"的汉制，创立"是以君子为国，观之上古，验之当世，参之人事，察盛衰之理，审权势之宜"（《新书·过秦下》）的德政思想体系，丰富发展了先秦德之思想，给后世德的传承延续提供了丰富的文化遗产。

1. 德得于道

关于德的起源，贾谊继承了先秦思想家特别是老子的思想，承认"道"之于世界万物的本原性及"德得于道"的观点。贾谊曰:"道者无形,平和而神。道有载物者,毕以顺理适行。故物有清而泽。泽者,鉴也,鉴以道之神。模贯物形,通达空窍,奉一出入为先,故谓之鉴。""道"无形无象,宁静、平正、和谐,创生万物,而又寓于万物之中,与万物融为一体。又曰:"物所道始谓之道,所得以生谓之德。德之有也,以道为本。故曰:道者,德之本也。"(《道德说》)世界万物皆始于道,道赋予世界万物得以存在的善之本性即为德。德是道之至善本性在万物中的显现,是事物得以成为自身的属性。所以说,道是德的根本。接着,贾谊用形象的比喻进一步说明了两者间的关系。贾谊曰:

> 德者,离无而之有。故润则腜然浊而始形矣,故六理发焉。六理所以为变而生也,所生有理。然则物得润以生,故谓润德。德者,变及物理之所出也。夫变者,道之颂也。道冰而为德,神载于德。德者,道之泽也。道虽神,必载于德,而颂乃有所因,以发动变化而为变。变及诸生之理,皆道之化也。各有条理,以载于德,德受道之化,而发之各不同状。德润,故曰:如膏,谓之德。德生理,通之以六德之华离状。(《道德说》)

"德者,离无而之有",徐复观认为,这里的"有"并非成形之有,"道"之凝缩为"德",是就"道"之无而言,则"德"是有；就"道"的变化神妙无形而言，则"德"是凝定而有形。但就实存事物而言，则"德"仍是无，仍是无形。这就是说，"德是将形而未形，在形与无形之间，虚与实之间的存在"[1]。以水设譬而言，道就像水一样，无形无状，但平静而有光泽，能映见物体。"道冰而为德"，水凝聚成冰而有形，即道抟聚成德而使万物成为有形之体。以玉设譬而言，"道"是无形之虚，精微之至，像玉之清澈。玉之清澈进一步凝聚则成为极其精细的浅白色的膏状物，也即玉之温润（即德）。玉的清泽无形无象，温润则始有形象，但仍极其精细。因此，"道"是纯粹之精，"德"是浊而始形。[2] 因此，在万物形成过程中，德起到了联结和载体的重要作用，"道虽神，必载于德"。对于贾谊的这一观点，冯友兰评论道："这是说，德是从道分化出来的；它'离无而之有'，德开始从无形到有形。'离无而之有'就是变。道是未变的情况，德是道的凝聚。凝聚就是'离无而之有'的变。德虽是从道分化出来，但道又为德之一理，因为道不是离开德而独立存在的东西，它就在德之中，道必须在德之中才能发挥作用，……这就说明，贾谊所说的道是物质性的。只有物质性的东西才能凝结，只有物质性的东西，才可以因凝结而'浊而始形'。"[3]

1　徐复观：《贾谊思想的再发现》，载《两汉思想史》卷二，台湾学生书局 1987 年版，第 163 页。

2　参见闫利春：《贾谊道论研究》，武汉大学博士论文，2012 年，第 31 页。

3　冯友兰：《贾谊的哲学思想》，《北京大学学报》，1963 年第 2 期。

2. 德有六美

关于德的内涵，贾谊提出了"德有六美"理论。贾谊曰：

> 德有六美，何谓六美？有道，有仁，有义，有忠，有信，有密，此六者德之美也。道者，德之本也；仁者，德之出也；义者，德之理也；忠者，德之厚也；信者，德之固也；密者，德之高也。(《新书·道德说》)

所谓"德有六美"指的是"德"所蕴含的道、仁、义、忠、信、密六种特性，即"德"以道为本，以仁为出，以义为理，以忠为厚，以信为固，以密为高。"道者，德之本也"，如上所述，强调"道"是万物之本原，因而亦是"德"之根本，而"德"中亦蕴含"道"之至善本性，"德"是"道"之特性的凝结和体现。"道"之所以是"德"之一美，是因为"道"保证了"德"的有根性。关于"仁者，德之出也"，贾谊解释说："德生物又养物，则物安利矣。安利物者，仁行也。仁行出于德，故曰仁者德之出也。"(《道德说》)"德"生育又养育万物，使万物各安其命，各利其行，这是"德"行"道"的仁义之行。可见，贾谊的"德"论是在生成论的基础上反思出"利用安身，以崇德也"(《周易·系辞下》)的崇德之行及"以美利利天下"(《易传·文言》)的仁行之美。在"德"之"六美"之中，"仁"是"德"向外显发的关键环节，其他四美的价值都是依托于"仁"而彰显的。关于"义者，德之理也"，贾谊指出："德生理，理立则有宜，适之谓义。义者，理也，故曰义者德之理也。"（《新书·道德说》）"德生理"，按照贾谊的理解，德有六理，即道、德、性、神、明、命六理，"六理"是万物的生成条件。因此，万物皆有"德"之"六理"，"六理"得立，秩序井然，不相紊乱，则能裁制事物，使之合宜，顺理适行。合宜就是"义"。因为是在"理立"前提下的合宜，所以又可以说"义者，理也"。"德"之仁行的展开必然要根据万物自身的理则而实现生养安利之功。依据万物自身的理则使万物各正性命就是"义"。关于"忠者，德之厚也"与"信者，德之固也"，贾谊分别指出："德生物，又养长之而弗离也，得以安利。德之遇物也忠厚。""德之忠厚也，信固而不易，此德之常也"（《道德说》）可见，"忠"蕴含三方面的意思：一是"德"要忠于"道"，遵道而行，固守道之至善本性；二是"德"要忠于自己的仁德之行，生养万物，健行不已；三是"德"要忠于所生之物，厚德载之，不离不弃。而忠厚之德常行不易，就是"信"[1]。至于"密者，德之高也"，贾谊说道："德生于道而有理，守理则合于道，与道理密而弗离也，故能畜物养物。物莫不仰恃德，此德之高也。"（《道德说》）此处"密"有两层含义：一是密切，指"德"与"道、理"的关系密切，二者不可分离，故而能生养万物；二是崇高、高贵。《说文》山部曰："密，山如堂者。"段《注》曰：

---

1 参见闫利春：《贾谊道论研究》，武汉大学博士论文，2012 年，第 53，54 页。

"土部曰：'堂，殿也。'释山曰：'山如堂者，密。'郭引《尸子》：'松柏之鼠不知堂密之有美枞。'按：密主谓山，假为精密字而本义废矣。"[1] 可见，"密"的本义是指如同殿堂一样的山，引申为像山一样崇高的意思。由此可见，"德"由"道"而生，又有"六理"作为生养万物的依据，"德"的这种上达于"道"下通于"理"的特性，是畜养万物的根本原因。"德"以仁义生养万物，万物仰恃仁义之德得以安利。因此，"密"是就"德"与"道、理"的关系而言，而"高"是就万物与"德"的关系而言。[2]

3. 仁义德治

贾谊认为，秦国初期，"内立法度，务耕织，修守战之具"（《过秦论》），施行仁政之治，使秦国能够在七国中迅速崛起，雄霸天下；而暴秦"万民离叛，凡十三岁而社稷为虚"（《治安策》），逐步走向灭亡，根本原因就在于秦王朝放弃仁义之治。他把矛头直指商鞅制定的秦律，因秦重用法治，暴戾对民，从而导致君臣乖张、相互残戮。秦朝后期片面强调法治，忽视仁义之治对人的教育教化的作用。在严刑峻法的逼迫之下，百姓走投无路，最终揭竿而起；奸臣趁势而生扰乱朝纲，最终人心皆背、众叛亲离。鉴于此，贾谊不赞同用重刑酷法去惩治百姓。他认为，统治者政权的巩固不能仅靠严刑峻法，还应施行仁义德治，对百姓宽容、仁爱。

1　段玉裁：《说文解字注》，上海古籍出版社 1988 年版，第 439—440 页。

2　闫利春：《贾谊道论研究》，武汉大学博士论文，2012 年，第 54 页。

首先，要顺应民意。贾谊从"民惟邦本，本固邦宁"入手，深入分析秦之所以能在战国兼并战争中吞并各国成为霸主，除其系列改革措施外，更与其符合民心民意紧密相关。然而，统一全国之后，暴秦统治使农民不堪忍受，揭竿而起，以摧枯拉朽之势推翻秦王朝的统治，这再一次证明了"君者，舟也；庶人者，水也。水则载舟，水则覆舟"（《荀子·王制》）这一至理名言的正确性。因此，贾谊愤然发出"与民为仇者，有迟有速，而民必胜之"（《新书·大政上》）的感慨，以坚定的立场站在广大民众一边，坚信"民为邦本"，主张统治者的政策应顺应民心。

贾谊明确提出："闻之于政也，民无不为本也。国以为本，君以为本，吏以为本。"他认为，民众作为国家最庞大的构成要素，是国家、君主、官吏存在并依托的基础。"夫民者，万世之本也，不可欺。"（《大政上》）贾谊在更深一个层次上论证"国之兴亡在民"的道理，认为统治者不能欺蒙百姓，要顺应民心，获得他们的认可支持，如此才能获得江山稳固、万世安稳的长久之治。为政者以及官吏要在其位，为人民谋其政，百姓才能众星捧月般接受统治，并用自身力量去维护并推动国家不断发展壮大。同时，贾谊在一定程度上否决了前人的"天命观"，提出"故夫灾与福也，非粹在天也，必在士民也"（《大政上》）。"国之兴亡在民"的观点，强调重视民众的力量，意在呼吁统治者顺应民心，对百姓实行善治。他曾言："凡居于上位者，简士苦民者是谓愚，敬士爱民者是谓智。"（《大政上》）进一步提出统治者需要"爱民""利民","利民"也可以延伸为"富民""强民",真正给予民众好处实惠,使人民群众生活富裕、强大起来,这样则"庶人安政,然后君子安位"(《荀子·王制》),进而拥护君主统治。

贾谊的"顺应民意之治"就是传承于先秦时期的"民本思想"。他继承借鉴其中的思想精华,但不仅仅是单纯地吸收借鉴前代文化遗产,更是立足于现实社会,加以具体地改造运用。他首先悟出"人民必胜"的真谛,在对"民"的作用认识上较先秦时期有很大的进步。

其次,要爱民敬士。贾谊说:"故夫士者,弗敬则弗至。故夫民者,弗爱则弗附。故欲求士必至,民必附,惟恭与敬,忠与信,古今毋易矣。"(《新书·大政下》)因此,他认为要对士人以德相待,对百姓福泽厚爱,才能使人民士兵竭力报效国家。"故劝之其上者,由其下而上睹矣,此道之谓也。故治国家者,行道之谓,国家必宁,信道而不为,国家必空。"(《大政下》)统治者相信民众的力量并通过仁政调动其积极性,那么国家就会国泰民安,但看清民众力量的本质而不去好好利用甚至违反人民的意愿,国家就会因失去民心而不攻自败。正所谓"失爱不仁,过爱不义",因而贾谊主张"是故君明而吏贤,吏贤而民治矣"(《大政下》),统治者贤明开化,官员清正廉洁为百姓做实事,维持等级秩序也应关怀人民大众利益,使人民自然而治。历代政权的兴旺也恰恰证实了实行德政才能万民归心,保政权稳固安泰。因而,汉朝统治者也在一定程度上认同并推崇贾谊的"仁德"之治,这与贾谊自身对"德政"的不断鼓吹密不可分。其中，他对儒家"治国安天下"思想最重要的发展，则在于将对民的剥削规范在适度范围内，并以政策的形式加以规定，在切合实际的基础上，将对民众实行德治的思想付诸实践。

4. 德融礼法

秦制是以中央集权制度为核心的封建政治制度，它以法制为主，抛弃西周时期的分封宗法制度和礼乐制度，并施行"有奸必告知"[1]制度。这样一来，邻里之间互利互助的关系继而转变成相互监视、检举甚至连坐的紧张关系，致使当时的社会风气很差。同时，贾谊认为，弃礼暴虐也是秦灭亡的重要原因。因此，贾谊在反思秦朝"破纲常礼教"的历史教训的基础上，提出"以礼为本，礼法并施"的和谐治国观，讲求"德融礼法"。

实行礼治首先要有制度支持，贾谊继承孔子"正名"思想并发展荀子"礼之制"，提出明确按照礼的等级差别作为"实行礼治"的基础原则。贾谊提出："谊以为汉兴二十余年，天下和洽，宜当改正朔，易服色制度，定官名，兴礼乐。乃草具其仪法，色上黄，数用五，为官名悉更，奏之。"（《汉书·贾谊传》）在此基础上，他提出"尊君之势""礼遇大臣""定制度、张四维"三种礼治思想。"秦灭四维不张，故君臣乖而相攘，上下乱僭而无差，父子六亲殃戮而失其宜。"（《新书·俗激》）他提倡依循古制仿"三公九卿"制，以金字塔形式，推崇君主地位，树立君主尊严，

---

1 张觉：《商君书校注·说民第五》，岳麓书社 2008 年版，第 48 页。

规范形成有序的社会统治秩序。贾谊非常赞同管子的"四维不张，国乃灭亡"(《管子·牧民》)主张，四维即礼、义、廉、耻，以"礼"确立等级秩序后，"张四维""正人心之德"则是维护正常社会秩序的关键。贾谊主张"刑不上大夫"是为了激励群臣"厉其节"，保持臣下应固守之德。"君之宠臣虽或有过，刑戮不加其身，尊君之势也。此则所以为主上豫远不敬也，所以体貌群臣而厉其节也。"(《新书·阶级》)

贾谊提出"定制度，兴礼乐"，并进一步引申强调了礼的重要性。"礼者，所以固国家，定社稷，使君无失其民者也。主主臣臣，礼之正也；威德在君，礼之分也；尊卑大小，强弱有位，礼之数也。"(《礼》)在贾谊看来，礼既能固国家、定社稷，也能维持尊卑之序。"尊卑强弱"皆有礼数约束，遵守礼制，各安其位不得僭越，从而形成良好的统治秩序。他以荀子思想为蓝本，结合当时的社会现实深入分析礼与法的辩证关系，探求其中的平衡点。他指出："凡人之智，能见已然，不能见将然。夫礼者禁于将然之前，而法者禁于已然之后，是故法之所用易见，而礼之所为生难知也……然而曰礼云礼云者，贵绝恶于未萌，而起教于微眇，使民日迁善远罪而不自知也。"(《治安策》)他认为，礼使人们行善离恶，将罪恶源头消灭于萌芽，但礼并不能对每个人都起到约束作用。因此，"法者禁于已然之后"，辅之以法罚惩之，用以稳定社会秩序。"德融礼法"是强调在潜移默化中使人形成自觉遵守社会规范的习惯。

5. 以德为教

贾谊主张"阐扬德教",他说:"安者非一日而安也,危者非一日而危也,皆以积渐然,不可不察也!人主之所积,在其取舍。以礼义治之者积礼义,以刑罚治之者积刑罚。刑罚积而民怨背,礼义积而民和亲。"(《治安策》)由此,他进一步深入引论:"道之以德教者,德教洽而民气乐;驱之以法令者,法令极而民风哀。哀乐之感,祸福之应也。"(《治安策》)从而,他主张统治者应以德教化民众,惠民爱民。西汉初期,南北民族不断融合和匈奴入侵带来了文化交织碰撞而出现的观念冗杂。根据这一现象,贾谊更是独树一帜地主张通过"移风易俗"造就良好风俗,以德为教,使人民日益趋善,不断习染"四维",并辅助礼教以实现教化目的。除此之外,他强调尊重人的主体自觉性,认为人性并不是"不可教",反对只用残酷刑法约束人们的行为。

"成就君德"也是贾谊"以德为教"的另一主张。对于古代的政治统治而言,"德"更是统治者榜样作用重要的表现。他认为:"故君能为善,则吏必能为善矣;吏能为善,则民必能为善矣;故民之不善也,失之者吏也;故民之善者,吏之功也。"(《大政下》)君能为善,吏则能善;吏能为善,则民必然能为善。这说明君主、官吏的德行对民众的德行具有重要的感染教化力量。西汉时,社会风气奢靡成风,人民多腐化堕落,贾谊作为汉文帝最为宠爱的少子梁怀王的太傅,更是想用德教的思想为之灌输,通过"秦二世"滥施暴政、亡国灭家为例进一步引申教育梁怀王应对儒家六经进行学习，"或明惠施以道之忠，明长复以道之信，明度量以道之义，明等级以道之礼，明恭俭以道之孝，明敬戒以道之事，明慈爱以道之仁，明儞雅以道之文，明除害以道之武，明精直以道之罚，明正德以道之赏，明斋肃以道之敬，此所谓教太子也"（《傅职》），使梁怀王自小浸润于礼乐之中得到良好教化；同时，教育梁怀王成为道德楷模，从而教育感化人民群众以达到安定国家的效果。善教者以德为先，以德为根，以德为范，通过榜样的力量言传身教，更易于人民的接受和认可，从而达到真正教化的目的，这也是"成就君德"的本质追求。

二、三纲五常之德

董仲舒（前179—前104），广川（今河北衡水市景县广川镇）人，西汉今文经学家，儒家公羊学派的大师。汉景帝时曾当过博士，设帐讲学，专心攻读儒家经典，有"三年不窥园"之称誉。董仲舒有"下帷讲诵"一典故，今河北景县尚有"董仲舒下帷处"遗迹。董仲舒讲学时，在讲堂里挂上一幅帷帘，他在里面讲，弟子在帘外听，只有资性优异，学问不错的弟子才能够登堂入室，得其亲传。其余弟子皆按受业的先后和深浅，在门下转相传授。因此有的学生慕名而来，师从一场，却未能见上董仲舒一面。可见其声誉之高，气派之盛！汉武帝继位以后，"举贤良文学之士"，他以三篇对策，提出了一套巩固封建统治的哲学理论，并建议"罢黜百家，独尊儒术"，为武帝所采纳。之后，他曾当过汉王朝分封的一些贵族侯国的相。董仲舒晚年去职归家著书，但仍受朝廷器重，朝廷如有重要的事情，还要派专人到他家去问。他死后，武帝出游途经其墓地，还为之下马致哀，故董仲舒墓被称为"下马陵"。董仲舒在儒学发展史上占有极其重要的地位，他提出"独尊儒术"，使孔子创立的儒学从诸子百家中突出而居独尊地位，为儒学成为中华民族传统精神的主干奠定了基础。他吸收先秦诸子的思想，并将其融入儒学，形成儒学的新形式——经学。而董仲舒亦被称为经学大师，被汉儒奉为"儒者宗"。

董仲舒的德思想是在吸收先秦及汉代初期儒家德思想的基础上，借鉴道家、墨家、法家等各家德思想的精华形成的。秦汉之际是个特殊的时期，思想领域发生了重大变化，由百家思想并行到百家融合，当时最盛行的是法家和黄老之学；儒家（代表人物有汉初的陆贾、贾谊等）在宣扬德治思想，批判黄老之学的同时，也不自觉地融合了他们的思想，发展了儒家的德治思想。到了西汉董仲舒时期，法家和黄老之学受到了统治者和有学志士的质疑，董仲舒充分利用了这一时期的思想特点，吸收了各家所长，使儒家的德思想有了质的发展，也使儒家思想登上了统治阶级历史的舞台，成为不断发展的、有生命的思想。

1. 德源于天

汉武帝即位后，让各地推举贤良文学之士，董仲舒被推荐参加策问。汉武帝对董仲舒连续进行了三次策问，基本内容都是围绕天人关系展开，所以也被称为"天人三策"。在回答策问中，董仲舒在继承前人天人观的基础上，阐述了天、人、德三者之间的关系，提出了"天人合德"思想。他认为，天是万物（包括人类）的本原，人的本质与天具有同一性，即人之德性与天的本质具有内在的一致性。董仲舒曰："天地者，万物之本、先祖之所出也。广大无极，其德昭明，历年众多，永永无疆。"（《春秋繁露·观德》）又曰："仁之美者在于天。天，仁也。天覆育万物，既化而生之，有养而成之，事功无已，终而复始，凡举归之以奉人。察于天之意，无穷极之仁也。人之受命天也，取仁于天而仁也。是故人之受命天之尊，父兄子弟之亲，有忠信慈惠之心，有礼义廉让之行，有是非顺逆之治，文理灿然而厚，知广大有而博，唯人道为可以参天。"（《王道通三》）"天"的本质是"仁"，即天具有仁爱之心，因而能覆育生养万物，教化成就万物，事功不已，周而复始。人受命于天，取仁于天，因而人也有仁爱之心，知道"父兄子弟之亲"，"有忠信慈惠之心，有礼义廉让之行"，懂得伦理道德。可见，董仲舒认为，"天"的本质就是"仁"，也就是说，"仁"乃天之最高的道德准则；人源自天，人本身具有天赋予的"仁"之本性，同时，人又具有效法上天之"仁"的特性和本能，因而，人之德性也取于天，源于天。"人受命于天，有善善恶恶之性。"（《玉杯》）金春峰认为，这里的"受命"不仅指人格神的命令，而且指先天的道德禀赋。[1]董仲舒又曰："天高其位而下其施，

1　金春峰：《汉代思想史》，中国社会科学出版社1997年版，第144页。

藏其形而见其光。高其位，所以为尊也；下其施，所以为仁也；藏其形，所以为神；见其光，所以为明。故位尊而施仁，藏神而见光者，天之行也。故为人主者，法天之行，是故内深藏，所以为神；外博观，所以为明也；任群贤，所以为受成；乃不自劳于事，所以为尊也；泛爱群生，不以喜怒赏罚，所以为仁也。"（《离合根》）这是说，"天"具有"神、明、尊、仁"等道德品性，人间的君主只有效法"天之行"，具备"神、明、尊、仁"等德性，才能以德配天，得到上天的庇护。

同时，董仲舒又强调"天人合一"。他主张："天亦有喜怒之气、哀乐之心，与人相副。以类合之，天人一也。"（《阴阳义》）人源于天，最终又归于天，天与人本性一致，属于同一类，因而天与人可合而为一。又曰："事各顺于名，名各顺于天。天人之际，合而为一。"（《深察名号》）一切事物都各自从属着各自的名，一切名都源于天又归于天（包括人类）。天与人的关系在这个意义上就合二为一了。为了进一步论证这个命题，董仲舒提出了"人副天数"的理论。他说："为生不能为人，为人者天也。人之人本于天，天亦人之曾祖父也，此人之所以乃上类天也。人之形体，化天数而成；人之血气，化天志而仁；人之德行，化天理而义；人之好恶，化天之暖清；人之喜怒，化天之寒暑；人之受命，化天之四时。人生有喜怒哀乐之答，春秋冬夏之类也。喜，春之答也；怒，秋之答也；乐，夏之答也；哀，冬之答也。天之副在乎人。人之情性有由天者矣。"（《为人者天》）这是说，天生了人，它就是人的祖先。人的身体、血气、德行都是上天所赋予的，人的好恶、喜怒哀乐也是随上天的变化而变化，人的各种性情都是由上天所决定的。

在天人合一的基础上，董仲舒又提出了天人感应的思想。他认为，万物之间是有感应的，同类事物之间相互感应，存在必然的联系。"美事召美类，恶事召恶类。类之相应而起也，如马鸣则马应之，牛鸣则牛应之。"（《同类相动》）天和人密不可分，是同一类事物，也是可以相互感应的。"天有阴阳，人亦有阴阳。天地之阴气起，而人之阴气应之而起，人之阴气起，而天地之阴气亦宜应之而起，其道一也。"（《同类相动》）因为天人是感应的，因而天的意志就是人的意志，人要顺从天的意志。如果人们的行为符合天道，就属于有"德"的行为，天就会以"天瑞"来嘉奖人们，风调雨顺，幸福快乐，安居乐业；当人的行为不符合天道时，天就会以"天谴"来惩罚人们，人们就会遭殃，遭受苦难。人们只有意识到这点，才会自觉调整自己的行为以符合天道，符合天道即符合"德"，因而是具有德性的行为。可见，董仲舒的天人感应理论又从另一角度说明了人的德性源自天，人的德行受天的影响和制约。总之，有德则顺天，顺天则有福；无德则逆天，逆天则遭殃。

2. 三纲五常

早在先秦时期，孟子就提出了处理君臣、父子、兄弟、夫妻和朋友关系的"五伦"，法家韩非子也把"臣事君，子事父，妻事夫"作为"天下之常道"。到了汉代，董仲舒结合阴阳五行学说，更加明确地提出了三纲五常学说，奠定了封建伦理道德的基础。所谓"三纲"，就是君为臣纲，父为子纲，夫为妻纲；"五常"包括"仁、义、礼、智、信"五方面。在董仲舒看来，"三纲"作为人道是源于天道的，是社会伦理道德准则，是道德判断的根本标准；"五常"是人们应遵守的最基本的道德规范，是德性与德行的统一。

董仲舒把君臣、父子、夫妇等伦理关系与《易传》中关于"阳尊阴卑""乾坤定位"的天道观联系起来，从而提出了"三纲"的概念。他说："王道之三纲，可求于天。"（《基义》）作为最高道德准则的"三纲"，是源自天的。但是，董仲舒并没有明确讲过"君为臣纲，父为子纲，夫为妻纲"这句话。这句话最早出现在东汉时班固编辑的《白虎通义》上："三纲何谓也？谓君臣、父子、夫妇也。……故君为臣纲，夫为妻纲。"（《白虎通义·三纲六纪》）不过，董仲舒还是具体确立了"三纲"的具体内容。他说："物莫无合，而合各有阴阳。阳兼于阴，阴兼于阳；夫兼于妻，妻兼于夫；父兼于子，子兼于父；君兼于臣，臣兼于君。君臣、父子、夫妇之义，皆取诸阴阳之道。君为阳，臣为阴；父为阳，子为阴；夫为阳，妻为阴。"（《基义》）"合"是指相互联系，相互配合，相互结合；"兼"是指相互融合，相互包含；"阳"有主宰之意；"阴"有服从之意；阳与阴相互联系，相互包含，密不可分；同时，阳和阴的关系又是主从配合关系。因而，君、父、夫为主，臣、子、妻为从。董仲舒又通过以"阴阳"定"尊卑"的方式理所当然地推导出了"君尊臣卑、父尊子卑、夫尊妻卑"的道理。他说:"天下之尊卑,随阳而序位。"又说:"阳贵阴贱,天之制也。"(《天辩在人》)这就是说,"三纲"中的尊卑次序并不是社会或统治者人为规定的,而是天的意志和自然规律的体现,因而谁也不能违抗,只能"顺之而已"。

董仲舒为使人们力行"三纲"之道,提出了与之相适应的三种品德"忠""孝""顺",即强调臣民事君以忠,子事父以孝,妻事夫以顺。董仲舒特别以天的阴阳之道论证忠德的必要性。他说:"天之常道,相反之物也,不得两起,故谓之一。一而不二者,天之行也。阴与阳,相反之物也,故或出或入,或右或左。"(《天道无二》)由此逻辑推断说:"心止于一中者,谓之忠。"(《天道无二》)说明君王治理天下,必须对臣民"教以爱,使以忠"。同时,要求臣民对待君主要做到大忠,就应像地事天一样,尽职尽责,"下事上,如地事天也,可谓大忠矣"(《春秋繁露·五行对》)。董仲舒基于"父为子纲"的道德准则,大讲孝道。为了说明孝的必要性,他用五行相生的理论曾向汉景帝之子河间献王刘德讲解《孝经》,传授所谓的"夫孝,天之经也,地之义也,民之行也"的不易之理。他说:"忠臣之义、孝子之行取之土。土者,五行之最贵者也。"(《五行对》)又说:"五行者,乃孝子忠臣之行也。"(《五行之义》)五行之相生相克皆因五行的"天次之序",正因为五行顺序而生的自然生态,董仲舒认为人世间的父子之间的自然生态也应该如同五行的前授后受的关系。董仲舒对于"妻以夫为纲",提出了妇顺之德。这就是要求女子顺从男子,妻子要"奉夫之命""为妇而助之",并且要做"孝妇",还要"奉君之命"。他说:"妻受命于夫,诸所受命者,其尊皆天也。"(《顺命》)这是说,天命规定了妻子要顺从丈夫之命,这是不可违抗的,否则就是逆天而为,是不道德的。

与三纲之说紧密联系的是五常之道,即仁、义、礼、智、信五种道德规范。它是董仲舒在对汉武帝的第一次策问时提出的。他说:"夫仁、谊、礼、知、信五常之道,王者所当修饬也。五者修饬,故受天之祐,而享鬼神之灵,德施于方外,延及群生也。"(《汉书·董仲舒传》)"谊"通义,"知"通智。为了论证"五常"合理性,他把"五常"与"五行"相配,即仁配木,义配金,礼配水,智配火,信配土。董仲舒认为,仁为"五常"之根本。仁即爱人,是为人处世的原则,要求人们恭敬和合而不争执。"仁者所爱人类也,""仁者,憯怛爱人,谨翕不争,好德敦伦,无伤恶之心,无隐忌之志,无嫉妒之气,无感愁之欲,无险波之事,无辟违之行。"(《春秋繁露·必仁且智》)义即"正我",规范自己的行为,使之符合礼的要求。"义者,谓宜在我者;宜在我者,而后可以称义。故言义者,合我与宜以为一言,以此操之,义之为言我也。"(《仁义法》)"义"即适宜,适宜于匡正自己的思想行为的道德规范,便是义。就其作用而言,它与仁不同,着重于主体自身精神境界的提升。董仲舒说:"以仁安人,以义正我……仁之法，在爱人，不在爱我；义之法，在正我，不在正人。"(《仁义法》)"礼"为礼仪规范，要求居上者宽以待人，居下者尊而敬人，不同等级的人按不同的规范行事；"礼者，继天地，体阴阳，而慎主客、序尊卑、贵贱、大小之位，而差外内、远近、新故之级者也"(《奉本》)。"智"即知行恰到好处，"物动而知其化，事兴而知其归，见始而知其终"，"智者，所以除其害也"，"其动中伦，其言当务，如是者谓之智"(《必仁且智》)。可见，董仲舒所讲的智，既是一种分辨是非、进行道德判断与道德选择的能力，又是一种具体的知识，更是一种必须在仁的指导下体验实践的道德规范。[1] "信"即诚实、信义，无所欺瞒。"《春秋》之义，贵信而贱诈。诈人而胜之，虽有功，君子弗为也。"(《对胶西王越大夫不得为仁》)总之，"五常"作为个人修身处世的道德规范，从属于"三纲"。"三纲五常"既是人们道德行为的准则和规范，也是道德评价的主要标准。

3. 人性论

董仲舒在天人相通观点的基础上，把人性论建立在这一天人相通的"宇宙伦理模式"上。他指出："为生不能为人，为人者天也。人之为人本于天，天亦人之曾祖父也。"(《为人者天》)他认为，人由天生，人性受命于天，"人受命于天，有善善恶恶之性，可养而不可改，可豫而不可去，若形体之可肥臞，而不可得革也"

1　李宗桂：《中国传统文化探讨》，花城出版社 2012 年版，第 186 页。

（《玉杯》）。人喜欢善良、厌恶丑恶的本性是由天决定的，这种本性可以修养却不可更改，如同身体可胖可瘦，却不能随意改变。董仲舒在性由天生的意识背景下，围绕人性之"善""恶"，提出了"性二重"论和"性三品"说。

所谓的"性二重"论，就是"贪仁之气，两在于身"。董仲舒说："人之诚，有贪有仁。仁贪之气，两在于身。身之名，取诸天。天两有阴阳之施，身亦两有贪仁之性。天有阴阳禁，身有情欲栣，与天道一也。"（《深察名号》）"贪"即为恶，"仁"即为善。人禀受于阳气而成性，是善质；禀受于阴气而为情，是潜在的不善之质。人性中的善与不善、仁与贪，就如天有阴阳一样。"人之诚，有贪有仁"，这里的"人"是指所有的人，不管圣贤、中民还是下民，善恶之性都是天生的。但是，人们观念和行为中的善恶，则是受后天的学习和修养影响的；后天生活中，表现为"善"的属于圣贤，表现为"不善不恶"的即为中民，表现为"恶"的即为下民。董仲舒的"性二重"论主要想说明这样一个问题：从普遍性、形而上的意义上讲，人之性是"天赋善恶"；但就每一个具体的人而言，一个人是善还是恶，是君子抑或小人，完全取决于后天伦理价值观的自觉体认与选择。[1]为了进一步说明这一问题，董仲舒又提出了"性三品"说。

"圣人之性，不可以名性；斗筲之性，又不可以名性；名性

1　参见曾振宇：《董仲舒人性论再认识》，《史学月刊》，2002 年第 3 期。

者，中民之性。"（《实性》）这就是董仲舒著名的"性三品"说。他把"性"界定为"贪仁之性"，即有贪有仁才能称之为"性"。圣人之性是上品之性，有仁无贪、有善无恶，不合乎"性"的定义，因而"不可以名性"；斗筲之性是下品之性，有贪无仁、有恶无善，也不合乎"性"的定义，"又不可以名性"；唯有中民之性，属于中品，它既有善也有恶，有贪也有仁，才可以称为董仲舒所认为的"性"。圣人之性是承天意而善而仁的，受天之命承天之意来教化万民的。这样一来，王者圣人又被抬到了天的高度，他们身上没有恶，只有"承天意而善"的德性。而斗筲之性却注定是恶的，董仲舒认为"斗筲之人""性而瞑之未觉，天所为也"（《深察名号》），也就是说下民之蒙昧是上天决定的，是不可改变的。中人之性是介乎圣人之性与斗筲之性之间的一种人格设计。这种人格同样包含善与恶两种本性，值得注意的是，这种人格后天的社会可塑性很强。如果社会人文环境引发了人性中的善端，他就有可能成为有德之人，即君子；如果后天社会环境激活了人性中的恶端，他就有可能沦落为无德之人，即小人。[1]因此，在董仲舒看来，后天的伦理道德教化对人特别是"中人"是非常重要而且必要的。

　　总之，董仲舒的人性论所要揭示的是：从一般或抽象意义上说，人性之善恶是天生的；但是，从具体或个体意义上说，人之

1　参见曾振宇：《董仲舒人性论再认识》，《史学月刊》，2002年第3期。

善恶又取决于其后天伦理价值观的自觉体认与选择。因而，后天的伦理道德教化对人的德性修养影响是巨大的，伦理道德教化不仅是可能的，也是非常有必要的。

4. 以德立国

在儒家政治思想传统中，仁政、德治一直是主流思想。董仲舒继承儒家重视仁政之传统，丰富发展了德政的思想体系。

首先，有德者方可为天子。天子有德是德政实现的前提和基础，因此，董仲舒认为，天子必须有德方可成为天子。他说："故德侔天地者，皇天右而子之，号称天子。"（《顺命》）只有德性和天地等同的人，上天才能保佑他为天子；也就是说，没有德性的人不能称为天子，天子之所以为天子全是因为其德。

其次，德为立国之基。董仲舒认为，德为国家存在的根基，有德则国立，无德则国废。他说："国之所以为国者，德也。……是故为人君者，固守其德，以附其民；固执其权，以正其臣。"（《保权位》）国家之所以成为国家的依据是德。所以，国君必须有德，而且还要固守自己的德性。只有这样，百姓的心才能归附国君，臣下才能端正自己的行为，国君才能统治自己的国家。董仲舒又说："故以德为国者，甘于饴蜜，固于胶漆，是以圣贤勉而崇本，而不敢失也。"（《立元神》）德为治国之根本。如果以德治理国家，人民的生活就会像蜜糖那样甘甜，人民自然就热爱、拥护国家，国家也就会像胶漆那样牢固。因而，圣贤之君会固守以德治国之本。

再次，德是君王统治之本。董仲舒认为，君王要想使自己的统治永远保持下去，就必须以德为贵，把仁德放在首位，威严武力放在次等的地位。他说："文德为贵，而威武为下，此天下之所以永全也。"（《服制象》）又说："王者有明著之德行于世，则四方莫不响应，风化善于彼矣。"（《郊语》）君王恩德行于世，则四方诸侯、百姓莫不响应顺从；同时，百姓受君王之恩德的感染、熏陶，自然崇德向善，移风易俗。同时，董仲舒以古鉴今，阐明君王之德的重要性。他说："先王显德以示民，民乐而歌之以为诗，说而化之以为俗。故不令而自行，不禁而自止。从上之意，不待使之，若自然矣。……今不示显德行，民暗于义不能炤，迷于道不能解，因欲大严惕以必正之，直残贼天民而薄主德耳，其势不行。"（《身之养重于义》）

最后，德治符合天意。董仲舒从天人合一的思想出发，从天意的角度论述了德治的必要性。他说："王者承天意以从事，故任德教而不任刑。刑者不可任以治世，犹阴之不可任以成岁也。为政而任刑，不顺于天。故先王莫之肯为也。"（《汉书·董仲舒传》）君王承天之意做事，要任德教不可任刑，刑不能用来治世，而且以刑为政也不合天意，所以要以德为政。同时，董仲舒还说："臣闻天者群物之祖也，故遍覆包函而无所殊，建日月风雨以和之，经阴阳寒暑以成之。故圣人法天而立道，亦溥爱而亡私，布德施仁以厚之，设谊立礼以导之。"又说："为政而宜于民者，固当受禄于天。"（《董仲舒传》）这是说，天乃万物之祖，而且包含万物无所殊，可以生日月风雨，成之以阴阳寒暑；因此，天对万物溥爱无私，施德于民；王者只有顺承天意而为，为政宜于民，为百姓利益着想，方可"受禄于天"，以达到长久统治的目的。因而，君王必须承天意而重德，以德为政。

总之，董仲舒把德与天道、阴阳五行进行结合，论述了德的起源、内涵及作用，为其德思想的合理性和权威性寻找形而上依据。董仲舒把德赋予"天"的寓意，让人道受制于天道，使得天道获得了社会道德和社会舆论监督的作用。董仲舒的以"天"为核心的德思想奠定了中国封建社会的伦理道德纲常，不仅对中国两千多年的封建王朝的统治，而且对人们的日常行为规范及思想意识，都产生了重要影响。这种德思想，在当时的社会中，促进了国家的大一统，维护了封建统治和社会的和谐稳定。西安市碑林区有一条下马陵街，据说下马陵是西汉大儒董仲舒的葬地，他的学生每次经过这里都下马步行，所以称为下马陵；也有人说是因为汉武帝经过这里都下马致敬的缘故。清康熙六年（1667）又扩建了祠堂，并且在门前刻石"下马陵"。虽然关于其真假没有准确的记载，但也充分显示出了董仲舒的德行之高、政绩之卓越、思想影响之深远。

第四章

魏晋时期之德

一、名教本于自然

王弼（226—249），字辅嗣，三国时代曹魏山阳郡（今山东邹城、金乡一带）人，魏晋玄学的开创者和主要代表人物之一。王弼生于书香世家，自幼受到知识的熏陶，家藏万卷便是他良好的读书条件。受家族影响，王弼从小学习儒、道两家学说并对此有独到见解，不仅如此，王弼还是一个多才多艺的少年。据记载，王弼"乐游宴，解音律，善投壶"[1]。深思敏察的王弼从纵情山水与音乐中受益良多。他意识到大自然是美的，而现实社会是残酷的，其中有什么联系呢？王弼由此开始了融会儒道两家思想的研究。王弼顺承道家"自然无为"的思想，主张"以无为本"，"无"即"道"的本性。王弼的德性思想就来源于"道"，即为"道"的引

---

[1]　陈寿：《三国志·魏书·钟会传》，中华书局 1975 年版，第 795 页。

申，是"以无为本"哲学思想在伦理思想领域的应用。再者，"名教危机"对王弼的德思想起了推动作用。在王弼看来，"名教"是一种注重感官享乐和行为规则的道德义务规范理论，必然会导致个体之间的利益冲突和利己主义的后果，为了消除其弊端，"名教"就必须接受"德"的调节。[1]王弼的"德性"理论中，"自然"与"名教"、"道"与"德"是分不开的，要想深入把握王弼的"德"思想，就必须厘清这几者之间的内在联系。

1. "名教"出于"自然"

魏晋时期，在一批门阀士族地主阶级执政者和文人墨客知识分子中，"有无""本末""体用"成为热门词汇，他们饶有兴趣地讨论"有无""本末"与"体用"的关系，由此形成了"正始玄学"之风，魏晋玄学由此发展起来。当然，这也是在维护门阀士族自身的阶级利益的基础上发展的。在当时，伦理学讨论的中心问题就是"名教"与"自然"的关系问题。

王弼关于"名教"与"自然"的讨论涉及儒家的礼乐文化和道家的人性自然文化。[2]所谓"名教"，即封建社会政治制度和伦理道德等封建文化的总称，[3]它是以等级名分关系为主的社会政治伦理关系。早在商周时期，就已经出现了维护社会秩序的等级名分关

---

1 参见尚建飞：《王弼的德行理论及其伦理思想》，《现代哲学》，2013 年第 3 期。

2 参见刁新强：《论王弼"名教出于自然"的思想及其意义》，西南大学硕士学位论文，
   2007 年，第 24 页。

3 参见陈瑛：《中国伦理思想史》，贵州人民出版社 1985 年版，第 327 页。

系的礼制；儒家的礼教承袭商周的礼制，后又经过春秋战国时期的巨大变革，在百家争鸣之中被孔子、孟子、荀子赋予了仁义礼智的新内涵。两汉时期，经过董仲舒的继承发展，以"三纲五常"为核心的封建伦理纲常得以形成并巩固。魏晋时期，农民起义的冲击和统治阶级内部的破坏，摧毁了两汉王朝四百多年的统一的政治局面，汉王朝土崩瓦解，用以维护封建阶级利益的纲常名教遭到沉重打击。王弼不得不正视"名教危机"，由此，"名教"与"自然"的关系问题提上议事日程。就"名教"来说，它并不完全等于儒家思想，而是指社会秩序和维护社会秩序的伦理规范。就"自然"来说，它并不完全指的是道家思想，而是指支配自然界变化的那种和谐的自然规律。[1]如王弼所说："万物以自然为性，故可因而不可为也，可通而不可执也。"[2]意思是说，天地万物皆有天然的性质，所以只可因循不可人为，只可顺其自然不可强制。"自然"支配万事万物的变化发展，顺其自然即可达到和谐的效果。

王弼主张"名教出于自然"，认为"名教"是"道"派生出来的，是"朴散"的结果。他说："朴，真也。真散则百行出，殊类生，若器也，圣人因其分散，故为之立官长，以善为师，不善为资，移风易俗，复使归于一也。"[3]又云："始制，谓朴散始为官

---

1 参见习新强：《论王弼"名教出于自然"的思想及其意义》，西南大学硕士学位论文，2007 年，第 24 页。

2 王弼著，楼宇烈校释：《王弼集校释》（上册），中华书局 1980 版，第 77 页。

3 王弼著，楼宇烈校释：《王弼集校释》（上册），第 75 页。

长之时也。始制官长，不可不立名分以定尊卑，故始制有名也。"[1]
这两段话的意思有三：其一，"名教出于自然"，是在"朴散"之
后，圣人设立了官长职位；其二，名教能使人们复归自然，朴散
为器，符合自然，人们以善为师，不善为资，促使风俗变化从而
归一；其三，"名教"的存在具有重要意义，"朴散"之后，不可
能不设立名号和等级来确定尊卑。由此看出，王弼不是重自然而
排斥名教，而是试图将二者结合在一起，这对其德思想的发展具
有重大意义。

2.以无为用

如前所述，王弼的德性思想是"以无为本"在伦理思想领域
的应用，这就说明王弼的德性思想与其实践主张有着必然的联系。
王弼认为，德性是指人类合理地运用自己的本性所形成的卓越品
质，进而将其实质归结为遵循"以无为用"的实践活动。[2]据记载，
王弼二十岁左右时，便已经对"有无"关系有了深刻的认识。一
天，王弼去拜访他的长辈裴徽，裴徽当时只是个吏部郎，但是在
思想界已享有盛名。裴徽一见而异之，问王弼："你不是喜欢祖述
老子，整天说天地万物皆以'无'为本吗？那好，如果'无'确
实是万物的根本，那为什么圣人孔子，从不肯对'无'加以解释，
倒是老子对'无'喋喋不休，解释个不停呢？"王弼回答说："正

---

1 王弼著，楼宇烈校释：《王弼集校释》（上册），第82页。
2 尚建飞：《从自然到本末：〈老子道德经注〉中的德性论》，《中国哲学史》，2014年第
  3期。

因为'无'是根本，凡'有'皆始于'无'，所以只有圣人能体察'无'，'无'至大至广，不可诉诸语言，所以孔子不说。老子的层次低一些，他还属于'有'的层次，所以一直说'无'，生怕说不周详。"(《世说新语·文学》)王弼的回答照顾到当时以儒学为核心的传统价值观念，摆正了孔子和老子的地位，将儒道融为一体。

"德者，得也。常得而无丧，利而无害，故以德为名焉。"[1]此乃王弼给"德"下的定义。"德"就是得，人类恒久地得到而不失去，有利无害。"得"必有作为主体的得者，由此而及人，从而进入社会伦理领域。作为"得"，必有应得与不应得、可得与不可得以及怎样得，王弼的德性理论就是以这样的逻辑线索展开的。德性作为一种获得性的品质，如果恒久得到，就会对自身产生有利的结果。当然，这种得到是自愿的，人们通过自愿性的行为就会形成德性；并且，应得与不应得、可得与不可得的"得"又具有选择性的特征。由此看出，德性的两个基本特征是自愿性和选择性，而选择性还从"怎样得"体现出来。那么，怎样才算真正得"德"了呢？为了符合"道"，德又要选择怎样的手段呢？王弼说："何以得德？由乎道也。何以尽德？以无为用。"[2]此处，王弼对德性本身的结构展开了阐释：其一，德性来源于"道"，即人类德性要以从"道"那里获得的本性作为基础。王弼在注《老

1　王弼著，楼宇烈校释：《王弼集校释·老子注》，第93页。

2　王弼著，楼宇烈校释：《王弼集校释·老子注》，第93页。

子》五十一章 "是以万物莫不尊道而贵德" 时曰: "道者, 物之所由也; 德者, 物之所得也。由之乃得, 故曰不得不失(尊); 尊(失)之则害,(故)不得不贵也。" [1] "道" 是万物的根基, 每一个具体事物的存在都必须遵循 "道" 的普遍性原则, 德是万物从 "道" 那里得到的, 德性就是 "道" 的具体表现。由此可见, 王弼并没有摒弃 "道" 和 "德" 的宇宙生成论。[2] 其二, 德的实现在于 "以无为用", 以无作为德的有用性的基础, 通过 "无" 来运用人的本性。以 "以无为用" 作为德的本质, 就能解释德性是依据人类的本性而进行的实践活动这一观点。

王弼的 "以无为用" 取自《老子》的 "无为"。老子的 "无为" 不是无所作为, 而是以 "无为" 为 "有为", 顺其自然而 "为之"。王弼以 "以无为用" 解释 "无为" 实际上包含了 "无为" 和 "为之" 两个范畴。一方面, "无为" 是 "灭其私而无其身", 王弼在《老子注》中提到: "故灭其私而无其身, 则四海莫不瞻, 远近莫不至。" [3] 意思是说, 如果人们灭除私欲而且无我, 四海之内都将仰视他, 无论远处还是近处的人都将来归。也就是说, 如果一个人想要得到别人的敬仰和追随, 就必须灭除私欲。据记载, 当时的吏部尚书何晏对王弼的卓越才能非常赏识, 说: "仲尼称 '后

1 王弼著, 楼宇烈校释:《王弼集校释·老子注》, 第 137 页。

2 参见尚建飞:《从自然到本末:〈老子道德经注〉中的德性论》,《中国哲学史》, 2014 年第 3 期。

3 王弼著, 楼宇烈校释:《王弼集校释·老子注》, 第 93 页。

生可畏，若斯人者'，可与言'天人之际'乎？"[1]于是何晏推荐
王弼担任黄门侍郎一职。然而"时丁谧与晏争衡，致高邑王黎于
曹爽，爽用黎。于是以弼补台郎"[2]。台郎本来就是很小的官，而
且还是后补，可见王弼的仕途并不如意。一是因为当时执政者曹
爽认为王弼除了空口论道之外，缺乏经世才能，因此并没有重用
他；但最重要的则是因为王弼的性格，他本身就对功名利禄毫无
兴趣。王弼淡泊名利，可见其切实践行了"灭其私而无其身"的
主张。另一方面，"为之"就是"殊其己而有其心"。王弼在《老
子注》中提到："殊其己而有其心，则一体不能自全，肌骨不能相
容。"[3]意思是说，如果人们凸显他的自我，而且保有其偏好，他将
不能保持一己之身的完整，就好比无法让他的肌肉和骨骼彼此相
容。他认为，一个人以自我为中心将导致个体的纷争。通过"无
为"和"为之"的比较，王弼得出德的实现在于"以无为用"的
观点，"以无为用"就是判断一个人有无德性的价值尺度。从这一
点来看，德性具有选择性的特征，即通过选择"无为"还是"为
之"来看是否实现了"德"。

　　通过对"德"与"无为"的注解，王弼阐释了对德的基本看
法。德性的基本内涵反映了人类合理遵循"自然"或本性这一因

1　陈延嘉校点：《全上古三代秦汉三国六朝文 第四册 晋（上）》，河北教育出版社1997年
　　版，第191页。

2　陈延嘉校点：《全上古三代秦汉三国六朝文 第四册 晋（上）》，第191页。

3　王弼著，楼宇烈校释：《王弼集校释》（上册），第93页。

素，这表现了德性与实践活动密不可分。另外，为了确保德性的顺利实现，就必须以"无"来超越私欲，提升自身的品质和修养，以平衡自身的生理和心理需求。因此，王弼将"以无为用"作为德性的实质。

3. 举本息末

在继承老子思想的基础上，王弼确定了德的两个基本类型"上德"和"下德"，并论述了两者之间的关系。在王弼看来，《老子》中的"上德"是根本的德，是道德实践的起点，对应着"本"；而"下德"是指具体的道德规范，也就是儒家所谓的"仁义礼智"，对应着"末"。因此，王弼坚决支持"上德"而批判反对"下德"，也就是"举本息末"。

那么，何为"上德"，何为"下德"呢？王弼在《老子道德经注校释》中这样解释："是以上德之人，唯道是用，不德其德，无执无用，故能有德而无不为。不求而得，不为而成，故虽有德而无德名也。"[1]意思是说，上德之人遵从道之无为、自然特性而为，不是为了德之美名而为，故无须强调德而其行为自然合乎道德要求。这是从"道"的角度来看待"德"，所以才能"无执无用"，超越具体道德规范。一般的道德规范有其适应的范围，因此具有一定的局限性和弊端。只有超越了具体的道德规范才能成为"上德"，具有无限性的价值。因此，"上德"不是以通常的道

1　王弼著，楼宇烈校释：《王弼集校释》（上册），第93页。

德规范对人产生作用，它没有规定性和强制性，才能"虽有德而无德名"。与之相反的"下德"则是"凡不能无为而为之者，皆下德也，仁义礼节是也"[1]。"下德"是"有为"的，这也是王弼反对"下德"的出发点。"下德求而得之，为而成之，则立善以治物，故德有名焉。"[2]下德之士因知道德名之美，常常以好德之名来彰显其行为，唯恐失德丧名，便想方设法维护其美名。如此以有为之心行无为之事，必然心念不诚，从而繁华渐起，哗众取宠，纵有善举，定有不善者与之相抗。如此一来，人们必然为德之名（善）而相互竞争。善之名一旦成立，不善之名自然会产生，如此一来，想要通过求"善"来管理人们的愿望就落空了。这就是王弼所说的"求而得之，必有失焉；为而成之，必有败焉"[3]。而这正是"下德为之而无以为"的原因所在。

王弼主张"举本息末"。"本"是指"自然无为"的德之根本（即道），"末"是指具体的伦理道德规范。在这个层面上说，"末"要比自然的"本"复杂得多，因为它既有真实的好的"末"，也有虚伪邪恶的"末"，那就不应该全盘"息末"。然而，在道家那里有一个思想预设，那就是一切自然的事物都是本真的，是好的，一切有为的、人为的都是邪恶的、不好的，这种思想显然具有片面性。因此，王弼又提出"崇本举末"。从表面看，它与"崇本息

1　王弼著，楼宇烈校释：《王弼集校释》（上册），第 94 页。

2　王弼著，楼宇烈校释：《王弼集校释》（上册），第 93 页。

3　王弼著，楼宇烈校释：《王弼集校释》（上册），第 93 页。

末"矛盾，但深究下来却并非如此。如果具体的伦理道德规范能在符合自然的条件下有效运转就要"举末"；然而有序的社会秩序不可能完全在"无为"的状态下实现，其中必然会有统治者人为的干涉，那就是"有为"了；若干预的措施符合自然运行的规律也应该被肯定。因此，王弼赞成有益于社会的有为措施，反对虚伪的道德规范。而虚伪的道德规范就是"下德"导致的。

《老子》三十八章云："故失道而后德，失德而后仁，失仁而后义，失义而后礼。夫礼者，忠信之薄而乱之首也。"王弼就是以这种逻辑顺序论证"下德"导致虚伪这一观点的。首先，道生德，有了"德"便有了"德"之名，既有"德"之名，就进入了"下德"。"极下德之量，上仁是也。"把"下德"发挥到极致就变成了"上仁"。"上仁"是"宏普博施仁爱""爱之无所偏私"，所以"上仁"就是"为之而无以为"。如果做不到"上仁"，即不能宏普博施、无所偏私地兼爱，则"抑抗正直而义理之者"，就会有以正直之义进退且以之为义理的人，他们憎恶不正直的人，帮助正直的人，并帮助正直的人攻击不正直的人，凡事有赖于心思的有意识作为，这便是"上义为之而有以为"。当人们不能笃守靠"义"维护的正直时，维护"义"的"礼"便出现了。所谓"直不能笃，则有游饰修文礼敬之者。尚好修敬，校责往来，则不对之间忿怒生焉。故上礼为之而莫之应，则攘臂而扔之"[1]。这就是说，由于人

1　王弼著，楼宇烈校释：《王弼集校释》（上册），第94页。

们不能笃厚正直，统治者就制定注重浮华外表的礼令其遵守而培养诚敬之心。注重礼这种东西，必会使人们在礼节得不到对方相应回报的时候，互相计较责备，甚至以武力强迫别人遵守礼节。可见，"礼"起源于朴实的忠信观念丧失之时。由于"礼"专务"外饰"，就比"仁义"要更加虚伪。"故夫礼者，忠信之薄而乱之首也。"实行了"礼"，社会只会愈加混乱。这也是王弼反对"下德"的主要原因。而王弼主张"以无为本"，自是推崇"上德"。

总之，王弼的"德性"思想出自其"道"论，是"以无为本"哲学思想在伦理道德领域的应用。由于"名教危机"，王弼重新对"德性"进行思考，以此构建以德性原则调节人伦秩序的思考方式，进一步对德性的选择性和自愿性的特征展开系统的论述。王弼并非如前人一般极力反对"名教"，而是认为"名教"出于"自然"，又复归于"自然"。因此，王弼主张"崇本息末"，反对以"名教"为"本"，反对"名教"的"有为"，即反对具体的伦理道德规范对人的规定和限制，从而导致人们的虚伪。相反，他推崇一种不人为加以约束的规范，因为这种规范符合"自然"，即为"上德"。王弼的德性思想在他所处的时代具有典型性，其"以无为用"的主张，把"无"作为世界的终极依据，形形色色的"有"均以"无"为基础。道德规范也好，社会制度也罢，通通依附于"无"也就是"道"而存在，这也恰恰实现了以道释儒，解决了儒道矛盾这一时代难题，为儒、道的结合开启了新的大门，对中国传统思想和文化产生了深远的不可估量的重大影响。

二、越名教而任自然

嵇康（约224—263），三国时期魏国哲学家、文学家、音乐家，"竹林七贤"之一。字叔夜，本姓奚，祖籍会稽（今浙江绍兴），祖先因避仇迁至谯国铚县（今安徽宿州市西南），改姓嵇。嵇康幼年丧父，励志勤学，为人耿直。与魏宗室通婚，官至中散大夫，世人称之为"嵇中散"。嵇康崇尚老庄，讲求养生服食之道。精通乐理，善鼓琴，工书画，诗长于四言，风格清俊。嵇康在政治上倾向于曹氏集团，因是曹氏姻亲，又名重士林，所以疾恶如仇，言辞犀利，屡屡讥刺司马氏。后其好友吕安下狱，嵇康受到牵连，以"言论放荡，非毁典谟"罪名而为司马昭所杀，临刑时索琴弹奏《广陵散》一曲。

阮籍（210—263），三国时期魏国诗人，字嗣宗，陈留尉氏（今属河南）人，是"建安七子"之一阮瑀的儿子。阮籍生在司马氏与曹氏政治角力的黑暗时代，他采取的是疏离政治、放浪形骸的生活态度。因他与嵇康、刘伶等七人整天聚在一起酣歌纵酒，世称他们为"竹林七贤"。阮籍思想上崇尚老庄之学，对政治失望的同时转而寻求人生的终极关怀。据说他经常驾车出游，不由路径，直到无路处，则痛哭而返。阮籍在文学上的成就主要体现在诗作《咏怀》八十二首。这些诗作中最突出的思想便是表现诗人内心的孤独和苦闷，寄托了作者希望超越黑暗的现实走向理想的自由世界的愿望，也揭露了政治黑暗、世道衰败的现实以及世俗之人的虚伪。

公元 249 年，司马氏在政治斗争中取得了胜利，控制了朝廷。门阀士族的统治黑暗和腐败，使正派的、不与司马氏政权同流合污的知识分子清醒地认识到，他们将不会为统治者所容，但他们又无法改变目前状况，所以他们带着无奈走进竹林，"竹林名士"时代由此开始。阮籍、嵇康的德思想是玄学思潮的又一重要组成部分，却与何晏、王弼的德思想性质迥异。尽管阮籍、嵇康、何晏、王弼都是从"名教"与"自然"的关系角度出发阐释德的问题，但是王弼主张"名教本于自然"[1]，意在论证名教的存在合理性；而嵇康则公然提出"越名教而任自然"[2]的主张，旨在摆脱名教的束缚。这里的"名教"则是被司马氏集团所利用、所提倡的虚伪的伦理道德纲常，而"自然"的确切含义并不是指道家思想，也不是指自然界本身，而是客观世界的自然之道、人的自然本性和无私之心。[3]"越名教而任自然"是阮籍、嵇康德思想的总纲。

1. 德之起源

其一，太初无仁义，大朴至德。

阮籍、嵇康的德之起源论是他们构建"反名教"思想体系的

---

1 沈善洪，王凤贤：《中国伦理思想史》（中），人民出版社 2005 年版，第 52 页。

2 鲁迅：《嵇康集》，鲁迅全集出版社 1947 年版，第 81 页。

3 参见陈秀萍，李万轩：《越名教而任自然——嵇康伦理思想探析》，《社会科学战线》，2003 年第 2 期。

理论基础。所谓德之起源，就是封建道德的起源，探讨这种道德的起源，目的是为了批判这种虚伪的封建道德，以此来表达对司马氏政权政治的不满。阮籍在《大人先生传》中描述道：

> 昔者天地开辟，万物并生。大者恬其性，细者静其形。阴藏其气，阳发其精。害无所避，利无所争。放之不失，收之不盈。亡不为夭，存不为寿。福无所得，祸无所咎。各从其命，以度相守。明者不以智胜，暗者不以愚败，弱者不以迫畏，强者不以力尽。盖无君而庶物定，无臣而万事理。保身修性，不违其纪。惟兹若然，故能长久。[1]

在阮籍看来，上古社会没有利害、放收、存亡、福祸之类的概念，没有以智欺愚、以强凌弱的现象，没有君臣之别，没有法律制度，然而社会却是"庶物定""万事理"的。原因是人们全依赖自然规律来"保身修性"。因此，这样的社会能够长期存在，这就是所谓的"太初无仁义"。

嵇康在《难自然好学论》中写道：

> 洪荒之世，大朴未亏。君无文于上，民无竞于下，物

---

1 郭光：《阮籍集校注》，中州古籍出版社 1991 年版，第 97 页。

全理顺，莫不自得。饱则安寝，饥则求食。怡然鼓腹，不知为至德之世也。若此，则安知仁义之端，礼律之文？[1]

稽康认为，原始社会有两个特点：一是虽然有"君"，但是"君无文于上"，即没有一套制礼作乐的统治制度[2]；二是下民不互相争夺，即"无竞"。不用政刑就是"简易之教"，不相争夺就是"机心不存"，[3] 所谓仁义道德、礼乐制度，在那种社会是根本不存在的，也是根本不需要的，人们生活在一种蒙昧的状态下，社会不存在竞争，人们怡然自得。这就是稽康所谓的"大朴至德"。

其二，"名教"生以束"自然"。

如前所述，阮籍、稽康认为，在原始社会是没有仁义道德的，那么作为司马氏道德准绳的"名教"就更不可能存在了。他们的这种理论从根本上动摇了君主专制制度存在的合理性。那么"名教"是如何产生的？老子曰："大道废，有仁义；智慧出，有大伪；六亲不和，有孝慈；国家昏乱，有忠臣。"（《道德经》第十八章）阮籍、稽康基本是按照老子这个思路来论证的。阮籍在《大人先生传》中说："今汝造音以乱声，作色以诡形；外易其貌，内隐其情，怀欲以求多，诈伪以要名，君立而虐兴，臣设而贼生。

---

1 夏明钊：《稽康集译注》，黑龙江人民出版社 1987 年版，第 143 页。

2 沈善洪，王凤贤：《中国伦理思想史》（中），第 78 页。

3 蒲长春：《"名教"与"自然"：稽康的伦理观及其矛盾》，《广西社会科学》，2004 年第 7 期。

坐制礼法，束缚下民，欺愚诳拙，藏智自神，强者睽眠而凌暴，弱者憔悴而事人，假廉以成贪，内险而外仁。"[1]封建伦理纲常的制定束缚了民众，因为仁义礼法具有虚伪性，掩盖了弱肉强食的事实，是祸害天下的根源。

嵇康在《难自然好学论》说："及至人不存，大道陵迟，乃始作文墨，以传其意，区别群物，使有类族。造立仁义，以婴其心，制其名分，以检其外。劝学讲文，以神其教。"[2]他认为，等到那种大贤大德的至人消失，社会风气不再淳朴，世风日下，于是才"作文墨"来表达意见；把万物区别开来，使它们各有归属；造出仁义道德，用来束缚人们的心灵；制定名分等级，用来约束人们的行为举止；劝导人们学习和讲解各种经典，用来神化统治者的统治。也就是说，仁义道德的产生是为了维护社会秩序，而封建"名教"的产生是为了维护君主专制统治下的社会秩序，从而达到"婴其心"的目的。这也说明了"名教"不是自然生成的，而是人为的。虽然，嵇康不能从本质上认清楚"名教"产生的根源是生产关系和上层建筑的相互作用，但是嵇康的见解是那个时代所能达到的最高水平，从表象上解释了"名教"即封建道德产生的原因。

2.德之本质

其一，"名教"之本质。

嵇康虽重"越名教而任自然"，但仍把忠信等德目作为德教的

---

1 郭光:《阮籍集校注》，第97页。

2 夏明钊:《嵇康集译注》，第143页。

内容，并未否定道德本身，而是反对虚伪的仁义。他力图论证仁义出于自然本性，认为"宗长归仁，自然之情"（《嵇康集·太师箴》）。嵇康认为自然中包含着仁义，也包含着名教，只要"任自然"，人们就可以"默然从道，怀忠抱义，而不觉其所以然也"（《声无哀乐论》）。可知，嵇康的"越名教而任自然"并不等同于老子的绝圣弃智、毁弃礼法。他的"越名教"之论是针对司马氏集团的假"名教"所发的。也就是说，嵇康所否定的是当时门阀士族张扬的虚伪礼教，而不是要否定伦理纲常和君主专制制度本身。[1]

在对于德的本质认识上，阮籍、嵇康更加接近名教的本质。阮籍指出："夫无贵则贱者不怨，无富则贫者不争。"（《大人先生传》）有贵贱、贫富的不平等，就会产生怨与争；有怨与争，就需要有"仁义""礼法"消解怨争。从表面上看，"名教"的出现是为了维系社会稳定，是以一种正面形象展现的。其实不然，名教使强者更加施凌暴虐，使弱者心甘情愿服侍他人。名教掩盖了统治者的罪恶，使他们不思悔过，从而加剧了他们的罪恶。因此，名教助长了统治者的罪恶，使社会更加不公，更加加剧了人们的怨与争。

同时，阮籍、嵇康也深刻认识到了名教的根本目的在于维护封建君主专制。阮籍在《大人先生传》中借大人的嘴说："尊贤以

---

1 《中国政治思想史》编写组：《中国政治思想史》，高等教育出版社2012年版，第176页。

相高，竞能以相尚，争势以相君，宠贵以相加，驱天下以趣之，此所以上下相残也。"[1]意思是说，统治者打着尊重贤良的口号来标榜自己的品性高，通过比试才能来显示自己的能力强，通过争权夺势来管制别人，依仗自己得到宠幸和富贵的身份来欺压别人，并且驱使天下民众也照着这样做，这就是导致世间上上下下都相互残害的原因。嵇康也痛斥并揭露"名教"对君主制的维护。他说："季世陵迟，继体承资。凭尊恃势，不友不师。宰割天下，以奉其私。故君位益侈，臣路生心。竭智谋国，不吝灰沉。赏罚虽存，莫劝莫禁。"[2]"名教"之功用就是维护封建尊卑等级秩序，为了宣扬君主统治的合理性与合法性，从而达到"君位益侈"的效果。可见，阮籍、嵇康一针见血地指出了名教即封建道德的本质。

其二，"礼法之士"为"裈中虱"。

"礼法之士"就是后世所说的满口仁义道德的"卫道士"。要想批判名教，就必须破除这些"礼法之士"的阻碍，也就是要揭露这些"礼法之士"虚伪的丑恶嘴脸。

"礼法之士"的代表张辽叔认为，人的本性喜好学习儒家六经。他说，人的自然状态好似处于黑暗长夜，六经好似白昼的太阳，因而要读好六经。嵇康认为，张辽叔"立六经以为准，仰仁义以为主，以规矩为轩驾，以讲诲为哺乳。由其涂（途）则通，

1　郭光：《阮籍集校注》，第 98 页。

2　夏明钊：《嵇康集译注》，第 197 页。

乖其路则滞；游心极视，不睹其外；终年驰骋，思不出位。聚族献议，唯学为贵。执书摘句，俯仰咨嗟。使服膺其言，以为荣华"（《难自然好学论》）。将六经宣扬的仁义当作标准，按这个标准做事则通，违背这个标准做事则滞，绝对不允许超越既定标准去想去做。所以，"六经为太阳，不学为长夜"。这就是"礼法之士"的人性"自然好学"的观点。而批判人性"自然好学"是阮籍、稽康批判"名教"和"礼法之士"的出发点。

稽康指出，"礼法之士"的理论前提是不能成立的。把"好学"与人们的生理本能混同起来，看似无懈可击，实则不合逻辑，乃"以必然之理，喻未必然之好学"，是"似是而非之议"。阮籍也认为，六经主要是抑制、引导人们的思想、行为，而人性则喜欢随心所欲；只读六经，违背人性，也就违背了自然；随心所欲，则是顺其自然之性。据记载，阮籍母亲去世时，他正在和别人下围棋，对弈者请求中止，阮籍留对方一定下完这一局。事后饮酒二斗，大哭一声，吐血好几升。母亲下葬时，阮籍吃了一只蒸猪，喝了两斗酒，然后与灵柩诀别，话说罢了，又一声恸哭，于是又吐血几升，几乎丧了性命。阮籍的做法虽然不合礼法，可以说是与"六经"的要求相背离的，但是这丝毫没有抹杀阮籍的善良本性，反而更凸显了他的自然之性。

阮籍在《大人先生传》中也描绘了"士君子"的形象："服有常色，貌有常则，言有常度，行有常式。立则磬折，拱若抱鼓，动静有节，趋步商羽，进退周旋，咸有规矩。心若怀冰，战战栗栗。束身修行，日慎一日。择地而行，唯恐遗失。诵周孔之遗训，叹唐虞之道德。唯法是修，唯礼是克。"[1]可见，这些"礼法之士"很守规矩，不喜形于色，动静有节，满口仁义道德，时时都在用礼法约束自己，似乎他们是那个时代的典范。然而，阮籍话锋一转，指出这些人这样做的目的是"图三公""不失九州牧"，为了"享尊位"，享受高官厚禄；是"退营私家，育长妻子。卜吉宅，虑乃亿祉"，享受那荣华富贵，进而达到"远祸近福，永坚固己"的目标。这道出了这些"礼法之士"满口仁义道德却满脑子升官发财的虚伪本质。阮籍把这些依附于封建君主专制制度，并想借此升官发财，想谋取一个立于不败之地的位子的"礼法之士"们比作"裈中虱"，表达了对这些人的蔑视。据记载，魏国名将钟会邀请当时一些才德出众人士一起去寻访嵇康。当时，嵇康正在大树下打铁，向子期打下手拉风箱。嵇康看到钟会他们后，旁若无人地继续挥动铁锤，也不和钟会说一句话。钟会起身要走，嵇康才问他："听到了什么才来的？看到了什么才走的？"钟会说："听到了所听到的才来，看到了所看到的才走。"（《世说新语·简傲》）这表现了嵇康对权贵、对"礼法之士"的蔑视。

阮籍、嵇康都用极其形象的比喻，深刻讽刺了"礼法之士"，这是切中要害的。既然那些满口仁义道德的"礼法之士"是虚伪的，那么他们所宣扬的道德也必然是虚伪的，虚伪的道德，就是

1　郭光：《阮籍集校注》，第95页。

不道德。所以，阮籍、嵇康最终还是将批判矛头指向了封建道德，即"名教"。

3. 德之修养和境界

其一，养生论。"养生"论是阮籍、嵇康思想中的重要部分，也是他们德思想的具体表现。嵇康所论的"养生"之意，从伦理学的角度来看，类似于我们今天所说的道德修养。[1]

阮籍注重"养生"，把"戕生害性"当成最不道德的行为。他认为，人体的各个部分都是统一于人体的，有各自的功能。他说："凡耳目之官，名分之施，处官不易司，举奉其身，非以绝手足，裂肢体也。"如果"目视色而不顾耳之所闻，耳所听而不待心之所思，心奔欲而不适性之所安"[2]，那么必然会造成"疾疹萌""生意尽""祸乱作""万物残"的后果。所以，他提倡"养生"，把"养性延寿，与自然齐光"作为自己的最高理想。[3]

嵇康则有关于"养生"的专门著作——《养生论》和《答难养生论》。他认为，"形神相亲，表里俱济"是"养生"之道的根本。他从神、形的辩证关系出发，提出"神形统一"。他说："是以君子知形恃神以立，神须形以存。悟生理之易失，知一过之害生；故修性以保神，安心以全身，爱憎不栖于情，忧喜不留于意，泊然

1　参见陈秀萍、李万轩：《越名教而任自然——嵇康伦理思想探析》，《社会科学战线》，2003 年第 2 期。

2　郭光：《阮籍集校注》，第 81 页。

3　参见沈善洪，王凤贤：《中国伦理思想史》（中），人民出版社 2005 年版，第 89 页。

无感而体气和平。又呼吸吐纳，服食养身，使形神相亲，表里俱济也。"[1]嵇康认为，注意吐故纳新，注意营养，使形体和精神相亲相近，外表和内心都和谐统一，这是养生的终极目标和最高境界。

反对"嗜欲"是"养生"之道的重要内容。向秀认为"嗜欲"是符合自然的，为此，嵇康提出了反对"嗜欲"的观点。嵇康认为"养生有五难"："名利不灭，此一难也；喜怒不除，此二难也；声色不去，此三难也；滋味不绝，此四难也；神虑精散，此五难也。五者必存，虽心希难老，口诵至言，咀嚼英华，呼吸太阳，不能不回其操，不夭其年也。五者无于胸中，则信顺日济，玄德日全。"[2]嵇康没有直接说出"养生"的内容是什么，但是，从"养生五难"中可以看出，他把"名利""喜怒""声色""滋味"等这些人的欲望和情感看成是实现"养生"的难题。如果克服不了，那么即使"诵至言""嚼英华"，也免不了"夭其年"。所以，克服"养生五难"是"养生"的重要内容，即反对"嗜欲"是"养生"的主要内容。

"意足"是"养生"的根本途径和重要原则，"意足"即知足。嵇康认为，世间最难得的是不知足。知不知足不决定于外在的物质多少，而在于精神的追求和内心的涵养。因此，养生重要的是修养身心，达到清心寡欲，从而实现"意足"。"若以大和为至乐，

1　夏明钊：《嵇康集译注》，第 46 页。

2　夏明钊：《嵇康集译注》，第 75 页。

则荣华不足顾也，以恬淡为至味，则酒色不足钦也。"[1] 嵇康认为，对于那些有高尚精神寄托的人来说，世俗所引以为乐的东西只不过是粪土罢了。"故以荣华为生具，谓济万世不足以喜耳。此皆无主于内，借外物以乐之；外物虽丰，哀亦备矣。有主于中，以内乐外，虽无钟鼓，乐已具矣。"[2] 这是说，人生的"至乐"不在于外物，而在于内心的满足，即"有重于内"。可见，"意足"是"养生"的根本途径。

其二，任性，逍遥。阮籍、嵇康追求"越名教而任自然"的境界，从这里的"任"可以归纳出二人"任性"的德性境界观。既然"名教"是抑制人性发展的，那么应该让人性顺应自然而发展。阮籍、嵇康从人与自然的关系出发，指出人与自然是一体的，因而人们应不扰、不逼人性，而必须以"循自然"而任性。《晋书·阮籍传》中记载的几件事足以体现阮籍"任性"的性情：阮籍的嫂子曾经回娘家省亲，阮籍去拜见嫂子并与之告别，有人讥笑他。阮籍听后说："礼法难道是为我制定的吗？"邻居家有个媳妇长得非常漂亮，对着窗子在酒垆旁边卖酒。阮籍曾经到那里喝酒，喝醉了，就躺在那个妇女的身旁。阮籍自己不避嫌，这个妇女的丈夫经过观察，也不怀疑阮籍。一户军人的家里有个有才学又有姿色的女子，还没有出嫁就死了。阮籍并不认识这个女子的父兄，却径直去哭泣，尽了悲伤才回来。阮籍时常随意驾车独行，

1　夏明钊：《嵇康集译注》，第70页。

2　夏明钊：《嵇康集译注》，第70页。

不顺着道路走，直到到了尽头无法走了，才折返而回。

至于如何做到任性，阮籍、嵇康提出了类似的观点。阮籍认为要"无执"，嵇康认为要"无措"，其实说的都是"无为"。阮籍认为，所有的事物都是自然天成的，有其固有的规律。人在自然天成的世界里只有按事物的本来天性去行事，才能有所得，这就是顺其自然的道理。因此，阮籍主张不要刻意而为，如果人刻意追求就破坏了自然天性，偏离了顺其自然的轨道，其结果是越刻意追求的东西也就越是得不到。嵇康也主张，"越名教"不仅要超越儒家的伦理纲常，还要摆脱一切破坏人们顺从自然的外在诱惑，如名利、情欲等等。只有超越、摆脱它们，人的自然之本性才有可能显现。"人性以从欲为欢""从欲则得自然"，这里的"从欲"是一种自然呈现的状态，不是刻意、放纵。"抑引"削割人性，刻意同样会导致人性之失，二者都是需要摈弃的。所以，嵇康主张"心不存乎矜尚""情不系乎所欲"，以一种静虚的境界去面对人生。[1]

至于"逍遥"，阮籍、嵇康虽然洞察到了当时社会的黑暗，但是无法在现实世界里找到一种途径来解决这个问题，同样无法排解自己心中的苦闷。于是，二人开始在幻想中排解自己的郁闷之情，以此来求得自我的安慰。当然，这必然受到了庄子《逍遥游》的影响。庄子在《逍遥游》中开宗以鲲、鹏为寓意，直陈虚无自然为大道之乡、逍遥之境。同样，阮籍幻想出一个"大人"，他

1　参见马良怀：《魏晋风流》，华中师范大学出版社 2014 年版，第 119 页。

说："夫大人者，乃与造物同体，天地并生，逍遥浮世，与道俱成，变化散聚，不常其形。天地制域于内，而浮明开达于外。"[1] 而嵇康则是幻想出一个"至人"："文明在中，见素表璞；内不愧心，外不负俗；交不为利，仕不谋禄；鉴乎古今，涤情荡欲。夫如是，吕梁可以游，汤谷可以浴，方将观大鹏于南溟，又何忧于人间之委曲。"[2] 由此可以看出，阮籍、嵇康都妄图摆脱俗世的羁绊，达到"逍遥"的境界。"逍遥"的道德境界，是阮籍、嵇康所追求的一种精神境界，是一种道德修养的方式，然而这却是几乎不能实现的，带有空想的色彩。

总之，阮籍、嵇康的德思想是围绕"越名教而任自然"的观点展开的，是司马氏高压统治下的产物。因此，他们的德思想具有时代的特点，是特定时代的产物。他们的德思想一方面是对当时封建伦理纲常虚伪性的一面的批判和揭露，具有一定的先进性，对后世产生了深远影响；同时又具有空想性，是时代局限和阶级局限的体现。

---

1 郭光：《阮籍集校注》，第96页。

2 夏明钊：《嵇康集译注》，第39页。

第五章

南北朝、隋唐时期之德

一、德为家庭教育之本

　　颜之推（531—约597），字介，山东琅琊（今山东临沂市）人，著名的文学家、语言学家、历史学家、教育思想家，享有"学优才赡，山高海深"[1]的美誉。魏晋南北朝时期，朝代更迭频繁，社会动荡不安。颜之推历侍四朝，先后担任梁朝散骑常侍、北齐黄门侍郎、北周御史上士、隋朝太子学士等官职。颜之推"三为亡国之人"，经历丧家败国的变故。为了保全门户，振兴颜氏家族，他非常重视对子孙进行家庭教育。他的家庭教育思想主要通过他晚年所著《颜氏家训》一书来体现。"由于他出身于'世以儒雅为业'的士族之家，自己也一生为官，他从小受儒家文化

1　宋本《颜氏家训》序，见王利器集解：《颜氏家训集解》，上海古籍出版社1980年版，第543页。

的熏陶并终生服膺儒学"[1]，因此，颜之推继承了传统儒家"以德为重"的思想。在《颜氏家训》中，他极力弘扬、灌输传统儒学倡导的修身、齐家、治国、平天下之道，并以此来教育子孙。正如他自己所说："夫圣贤之书，教人诚孝，慎言检迹，立身扬名，亦已备矣。"[2]他希望通过对子孙的道德教育，达到"整齐门内，提撕子孙"的效果。

1.德艺周厚

颜之推认为，教育的目的是培养对国家有用的人才，而这种人才德性、才艺两方面都要好。"士君子之处世，贵能有益于物耳，不徒高谈虚论，左琴右书，以费人君禄位也。"(《颜氏家训·涉务》) 士人君子在社会上应该有利于国家和人民，不能只做那些附庸风雅之事。颜之推说："德艺周厚，则名必善焉；容色姝丽，则影必美焉。今不修身而求令名于世者，犹貌甚恶而责妍影于镜也。"(《名实》) 德性、才艺全面深厚的人，则名声必然是好的，就像容貌秀丽的人，则影像必然是美的。不修身却想得到好名声是不可能的。颜之推认为，要成为德性和才艺两方面都好的人，不仅要靠修身，还要依靠家庭教育。

"'德艺周厚'的'德'是指通过恢复儒家传统道德教育，使人达到'体道合德'的'上士'境界。"[3]颜之推认为，人应该主

---

1 程小铭：《颜氏家训全译》，贵州人民出版社 2008 年版，第 8 页。

2 余金华注释：《颜氏家训》，华夏出版社 2002 年版，第 1 页。

3 邵明娟：《〈颜氏家训〉中的家庭道德教育思想研究》，首都师范大学硕士论文，2008 年，第 12 页。

动追求"德"的完善，通过读书学习，使自己"开心明目，利于行耳"（《勉学》），做到"在家能令父母承颜欢笑；在国能够忠于职守；在危难中能够勇于承担责任，为民众社稷谋取福利；在为人处世上能够是重情谊、轻钱财、清心寡欲、周济危困的正人君子"[1]。"艺"是指要有一技之长。颜之推告诫子孙，要有真才实学，做一个对社会有利的人，成为国家需要的人才。他认为，国家需要的人才有六种，而一个人只要能做好其中一项，就算是有利于国家，不虚此生了。颜之推认为，要达到"德艺周厚"的目标，需要处理好学习和修身的关系。因为学习就像种树一样，春天可以观赏树的花朵，秋天可以收获它的果实；学习儒学就像春花，修身养性就像秋实。所以既要努力学习儒学，又要不断修炼自己的品德，做到相辅相成。

2. 德为教本

"'德为教本'是指'家庭教育以道德教育为根本，为基础'。中国传统文化的核心是伦理道德文化，这种文化的基石和依托就是家庭伦理。以德立身、厚德载物、重视德育是中国古代家庭道德教育的基本特征。"[2]颜之推对子女的教育始终贯彻"德为教本"这一思想。

---

1 邵明娟：《〈颜氏家训〉中的家庭道德教育思想研究》，首都师范大学硕士论文，2008年，第12页。

2 邵明娟：《〈颜氏家训〉中的家庭道德教育思想研究》，首都师范大学硕士论文，2008年，第11页。

其一，"于人伦为重"。"历来儒家把'人伦'放在各种道德关系的首要地位。颜之推在提倡道德教育时，也自觉以此为中心。"[1]在颜之推看来，"德"寓于人伦情感之中。他说："夫有人民而后有夫妇，有夫妇而后有父子，有父子而后有兄弟：一家之亲，此三而已矣。自兹以往，至于九族，皆本于三亲焉。故于人伦为重者也，不可不笃。"(《兄弟》)夫妇关系、兄弟关系、父子关系是家庭中最重要的三种关系。所以，颜之推认为，对子孙进行道德教育的时候，首先要处理好这三种关系。

在夫妇关系方面，要做到"男尊女卑"。他认为，夫妇关系是各种关系的基础，只有处理好了这种关系，才有可能处理好其他关系。"妇主中馈，惟事酒食衣服之礼耳，国不可使预政，家不可使干蛊。如有聪明才智，识达古今，正当辅佐君子，助其不足，必无牝鸡晨鸣，以致祸也。"(《治家》)在颜之推看来，女性只能处于附属地位，不可以掌权涉政。在父子关系方面，要做到"父慈子孝"。在家庭中，父子关系是家庭的核心。他说："父子之严，不可以狎；骨肉之爱，不可以简。简则慈孝不接，狎则怠慢生焉。"(《教子》)处理好父子关系就要求父亲对待子女要慈爱，否则会孝慈不接；同时又要有威严，不能轻忽狎昵，否则会怠慢生焉。因此，他主张"父子异宫""君子之不亲教其子"(《教子》)，这样既保证了父子间形成父慈子孝的良好人伦义务关系，又避免

1　尹旦平：《〈颜氏家训〉的道德教育思想》，《江汉论坛》，2000年第1期。

了过分亲近溺爱而使子女养成傲慢骄横的恶习。在兄弟关系方面，要做到"兄友弟恭"。颜之推尤其重视兄弟之间的关系，因为"兄弟者，分形连气之人也。方其幼也，父母左提右挈，前襟后裾，食则同案，衣则传服，学则连业，游则共方。虽有悖乱之人，不能不相爱也"（《兄弟》）。兄弟之间骨肉情深，"分形连气"，应当和睦相处，互相关爱。总而言之，颜之推的德教思想，是以巩固儒家传统宗法制度为目的的。

其二，"以仁义为节文"。颜之推主张，要对子女进行"仁义"教育，以"仁义"作为道德评判的标准。"为善则预，为恶则去。不欲党人非义之事也。凡损于物，皆无与焉。……墨翟之徒，世谓热腹；杨朱之侣，世谓冷肠；肠不可冷，腹不可热，当以仁义为节文尔。"（《省事》）凡是符合仁义的事都要积极去做，不义的事绝对不能做。颜之推认为，对子孙进行"仁义"教育，使他们树立牢固的仁义信念，是德教的重要任务。同时，当仁义和利益发生冲突时，要以仁义为重。而且，颜之推识到了培养子孙"施而不奢，俭而不吝"的完善品格的重要性。在他看来，古人可以倾其所有以周济他人，千百年来形成了良好的重义轻财的社会道德风尚。所以，现在的人要效仿古人"仗义疏财"，做到"贵义轻利"。"亲友之迫危难也，家财己力，当无所吝。"（《省事》）当亲友陷于穷困危难之中时，应当慷慨解囊，尽力体恤帮助。贵义轻财，也是德教的重要内容。颜之推虽为"亡国之人"，但非常重视"名节"，这与当时"名教"观念盛行有关。颜之推批判当时社会上一些人以学习鲜卑语为入仕的途径，置民族气节于不顾。齐朝有一个士大夫，他有一个十七岁的儿子。一次，他对颜之推说："我儿子很有本事，十分擅长书写书信公函一类文章，而且还掌握了鲜卑语，学会了弹琵琶，如果用这些本事去侍奉那些王公大臣，我想没有人会不宠爱他吧？"颜之推听完低头不语，因为在他看来，用这样没有气节的方式教育孩子是非常令人不齿的。他告诫子孙"夫生不可不惜，不可苟惜""行诚孝而见贼，履仁义而得罪，丧身以全家，泯躯以济国，君子不咎也"（《养生》）。生命不可以不珍惜，但也不能苟且偷生，为了忠孝仁义、挽救家国而牺牲是值得的。

总之，颜之推依照儒家的传统道德规范来培养教育子孙，将家庭道德教育的内容融入日常生活中，从家庭人伦出发对子女进行礼仪和亲情的教育，由家庭而至社会，教育子女行仁义，贵义轻利，注重名节。

3. 德教有方

其一，"教子婴稚，勿失时机"。颜之推主张"早教"要抓住时机，趁早对子女进行道德教育。同时，他认为，有条件的可以践行古人的"胎教之法"，做到"怀子三月，出居别宫，目不邪视，耳不妄听，音声滋味，以礼节之"（《教子》）；条件不足的也要做到"当及婴稚，识人颜色，知人喜怒，便加教诲"（《教子》），即在孩子刚刚懂得看别人的脸色、辨识别人的喜怒的时候便加以教诲。他之所以主张早教，是因为他意识到"人生小幼，精神专利，长成已后，思虑散逸，固须早教，勿失机也"（《勉学》）。也就是说，人在幼小的时候，精神专注敏锐；长大以后，心思容易分散。因此必须重视早教，不能错失良机。他以自己为例说："吾七岁时，诵《灵光殿赋》，至于今日，十年一理，犹不遗忘。二十之外，所诵经书，一月废置，便至荒芜矣。"（《勉学》）自己七岁时背诵过的书，相隔十年复习一次，到现在仍不会忘记。而二十岁以后背的书，一个月不复习就忘得差不多了。他以自己少年早学得到好的效果为例说明早教的好处，认为有见识的家长对子女的教育应越早越好。当然，这并不是说小的时候没有接受良好教育的人这一生就完了，而是更应该努力学习，不能自暴自弃。

同时，颜之推认为要从小注重子孙良好道德品质的培养。这是因为道德品质一旦形成就很难改变，人如果在小时候形成了不好的品性，长大后想要改变就要付出很大代价。正如孔子所说的"少成若天性，习惯如自然"，要想让子女成为有德之人，就要从小教育孩子，不要等到他们"骄慢已习，方复制之，捶挞至死而无威，忿怒日隆而增怨，逮于成长，终为败德"（《教子》），等到子女骄横轻慢的习性养成了，再去管教就晚了。

其二，"风化者，自上而行于下"。颜之推重视家庭道德教育中身教与言教的结合。身教就是指父母通过自身行为向子女施教，所以父母应该以身作则，对子女进行潜移默化的教育。他说："夫风化者，自上而行于下者也，自先而施于后者也。是以父不慈则子不孝，兄不友则弟不恭，夫不义则妇不顺矣。"（《治家》）德育重要的方式是教育感化。所谓教育感化，是从上面推行到下面、从前人延续到后人的教化手段。如果父亲不慈爱，子女就不会孝顺；兄长不友爱，弟弟就不会恭敬；丈夫不仁义，妻子也不会柔顺。在教育感化中，教育主体的思想、行为和品格对于受教育者来说是一面镜子，更是一本活教材。所以，做父母的首先应该加强自身的道德修养，起到模范作用，上行下效，子女自然就会效仿，这样才可以达到"父慈子孝、兄友弟恭"的效果。在家庭中，父母是构成子女道德发展环境的最重要的、最基本的因素，父母的言行对子女的熏陶作用也最为突出。所以，父母只有加强自身修养，言行一致，才能达到良好的教育效果。

其三，"严慈相济，爱子贵均"。颜之推认为，教育子女要"严慈相济"，并公平对待子女。所谓"严慈相济"，是指父母对待子女既要严厉，又要慈爱，尤其是不能溺爱孩子。颜之推提到，父母在培育子女的过程中，往往偏重于爱而忽视了教。"吾见世间，无教而有爱，每不能然。饮食运为，恣其所欲，宜诫翻奖，应诃反笑，至有识知，谓法当尔。"（《教子》）有些父母不对子女加以教诲，只是一味溺爱，不加节制地满足子女的要求，本应该训诫的却加以赞扬。等到坏习惯养成，想要制止为时已晚。他用自身的成长经历证明这一观点：他九岁的时候父亲去世，从此家道中落。兄长将他抚养长大，但是兄长"有仁无威，导示不切"，导致他"肆欲轻言，不修边幅"（《序致》）。他虽然知道这样不好，但已成自然，难以改正了。同时，他还曾举过一个因父母溺爱娇宠而害了子女的实例。梁元帝时，有一个学士，既聪明又有才华，小时候就是个神童。他的父亲对他视若珍宝，他只要有一句话说得好，他的父亲就到处宣扬，而且一年到头赞不绝口。要是儿子做错了，父亲不仅不打不骂，反而极力遮掩。在这种过度鼓励、有错不纠的教育方法下，这个学士成年后，竟然成了一个粗暴傲慢的人。这个学士最后的结果惨不忍睹，因其说话不检点，他不仅被抽去了肠子，而且他的血还被用来涂抹战鼓。因此，"父母威严而有慈，则子女畏慎而生孝矣"（《教子》），父母对于子女不能宠爱得没有限度，失去了父母的尊严；但也不能严厉得近乎冷漠，使子女害怕而远离，不能达到教育的目的。

同时，父母对待子女要一视同仁，要公平对待每一个孩子。他说："人之爱子，罕亦能均；自古及今，此弊多矣。贤俊者自可赏爱，顽鲁者亦当矜怜。有偏宠者，虽欲以厚之，更所以祸之。"（《教子》）意思是说，不能偏爱那些聪明的孩子而冷落那些愚钝的孩子，偏爱某一个孩子反而是害了他，所以要同等对待他们。这是因为父母在对待子女时任何小小的偏爱，都会在子女中间引起不良反应，以致造成他们之间的分裂。而且偏爱还会影响子女各自品性的形成。被偏爱者往往自高自大，骄横跋扈；被冷落者则自暴自弃，失去进步的信心。所以，无论是"贤俊者"，还是"顽鲁者"，教育者都应该同等对待他们。他举例说，共叔段的死、赵王如意被杀、刘表的宗族倾覆、袁绍兵败失地等等，都是因为父母偏爱某一个孩子导致的。他用历史的经验告诫家长，对待孩子要一视同仁，不能偏爱。

　　总之，颜之推结合现实及自身情况阐述了家庭教育中注重德教的重要性。他把德寓于家庭教育之中，并在教育实践中贯彻以德为本的理念。他的家庭教育目标、教育内容、教育方法无不体现了以德为本的思想。他的家庭德育思想对儒家德育思想的发展及后世教育都产生了深远影响。

二、攘斥佛老，重立道统

　　韩愈（768—824），字退之，河南河阳（今河南省孟州）人。祖居河北昌黎，故世称昌黎先生。三岁而孤，由宗兄韩会夫妇抚育长大。治学刻苦，二十五岁中进士。任监察御史，以事贬为山阳令，赦还后曾任国子博士、刑部侍郎。又因谏阻唐宪宗迎佛骨，被贬为潮州刺史。后又历任国子祭酒、吏部侍郎、御史大夫。卒谥"文"，世称韩文公。《旧唐书·韩愈传》说他性情宽大通达，与人交游，荣枯不变。少年时，与洛阳人孟郊、东郡人张籍为友。当时他们两人还默默无闻，韩愈不畏寒暑，为他们奔走推荐于公卿之间。后来张籍登进士第，做了官，在公务之余，他们还是互相谈文赋诗，和从前一样。韩愈对于豪门权贵，却不太理睬；对于后进，则尽力诱导扶助，其家中常常留住十多人，虽然有时连早餐都没有着落，韩愈还是怡然自得，毫不在意。很多人在他的帮助和鼓励之下，成了知名之士。

韩愈是中唐时期著名的思想家，颇有影响的儒学复兴运动的倡导者，又是古文运动的公认领袖。他在思想与文学上的成就和影响，受到了后世很高的评价，苏轼称之为"文起八代之衰，道济天下之溺"[1]。在伦理思想上尊崇儒学、排斥佛老，以复兴儒学、继承"尧、舜、禹、汤、文、武、周公、孔子、孟轲"的道统者自居。其德思想主要体现于《原道》《原性》《原人》《原毁》《论佛骨表》《与孟尚书书》以及《师说》《进学解》《伯夷颂》《柳子厚墓志铭》等篇目中。

1. 道统说

韩愈一生都以振兴名教、弘扬仁义之道为己任。面对当时佛道盛行的局面，他力图恢复儒家仁义道德的正统地位，用儒家的理论来排斥佛老。为此，他阐发了仁义道德和礼乐刑政的关系，提出了一个"先王之道"的"道统说"。

韩愈一生都在极力"攘斥佛老"，不仅在行动上积极实行，而且在理论上也形成了一套完整的体系。他说，"释老之害过于杨墨，韩愈之贤不及孟子"，"虽然，使其道由愈而粗传，虽灭死万万无恨"[2]。他自认为是孟子学说的继承人，要效法孟子当年排斥杨、墨的精神，同佛教和道教进行殊死的斗争。唐宪宗李纯不仅信仰道教，而且极力提倡佛教。公元819年，唐宪宗把陕西凤翔法门寺的一段据说是释迦牟尼佛手指骨的"佛骨"迎到宫中供

1　洪迈：《客斋随笔》，光明日报出版社2014年版，第39页。

2　钱钟联等校点：《韩愈文集》，第195页。

养三天，由此引起了全国空前的佛教狂热。在从法门寺到京城的三百多里路上，旌旗蔽空，车马不绝。佛骨被迎到京城后，朝拜者摩肩接踵，大街小巷鼓乐喧天。捐献银两者不惜倾家荡产。为了向佛表示虔敬之心，有人甚至砍下自己的手臂献佛。面对此情此景，韩愈激愤地写了《谏迎佛骨表》呈送唐宪宗，劝阻宪宗不要那么做。他在《谏迎佛骨表》里说："历史上信佛的帝王都活不长或不得好死，如今，陛下把'佛骨'迎到宫中供养，使得王公士族奔走施舍，浪费大量的财宝，有的老百姓愚昧无知，甚至像发狂那样烧灼自己的身体，以表示自己对'佛'的虔诚。这些事情败坏风俗，被人们作为笑话到处传扬，这绝不是一件小事。依我看来，'佛骨'只是一块发臭的枯骨，应该丢到水里去，或者用火烧掉。"[1] 唐宪宗看了这篇《谏迎佛骨表》后十分生气，要杀掉韩愈，幸亏群臣说情，才免掉死罪，后被调离京城，到潮州去担任刺史。

在《原道》一文中，韩愈指出，佛老之说流行于世，对整个社会是百害而无一利的，并进行了详细的论述。首先，韩愈认为，佛老之说流行，造成僧侣与道徒到处宣扬自己的理论思想，这样一来，佛教、道教、儒家三种思想体系都力图在信仰权威上占据一席之地，便不可避免地进行相互攻击，人们在信仰上就不可能达到一致，这显然不利于国家意识形态的统一。其次，由于佛教

---

1 参见王冉冉等编著：《唐宋散文选修读本》，汉语大词典出版社2005年版，第5页。

和道教的流行，除士农工商外，又增加了僧侣和道士两种不从事生产的人，这些人都靠农民和工人来养活，加重了人民的负担，人民自然要穷困甚至起来造反了。另外，佛老的流行还破坏了社会中正常的人伦关系。对此，韩愈称为"灭其天常"，认为这使得"子焉而不父其父，臣焉而不君其君，民焉而不事其事"[1]，天下将由此大乱。

为了有针对性地反对佛老之学，韩愈便提出了重振儒家的主张。他针对佛、道之说所谓的"法统"而提出了一个"道统"。在他看来，儒学是自古以来治世的唯一正道，这个"道"是由上天命定、圣君体现、传之有统、无法更改的。他主张"圣人玄教"，认为人类的文明和社会政治制度都是圣人创造的。韩愈把仁义道德称为"圣人之道"，这个"道"世代相传，从尧、舜、禹、汤、文、武、周公、孔子到孟子，构成了一个所谓一脉相承的"道统"。韩愈以继承道统并且使其延续下去作为自己的历史使命。他认为佛教、道教的出世思想与儒家的经世思想是对立的，所以竭力排斥佛、道，指斥它们破坏封建君臣、父子、夫妇的伦常关系。

韩愈所提倡的"道统"，从其内容来说，就是孔孟的仁义道德思想。不过，他又做了一些新的阐释。他说："博爱之谓仁，行而宜之之谓义；由是而之焉之谓道，足乎己，无待于外之谓德。仁与义，为定名；道与德，为虚位。"[2]这是说，"博爱"就是"仁"，

1　钱仲联等校点：《韩愈全集》，第 121 页。

2　钱仲联等校点：《韩愈全集》，第 120 页。

行为合宜就是"义",实现仁和义的途径即为"道",内心具备仁和义的本性即为"德"。韩愈用"博爱"解释孔孟的"仁",但他所说的博爱,不是要破除贵贱等级秩序。因为,他所说的"义",主要是指"君臣父子之道"的等级礼仪秩序。可见,韩愈所讲的"仁"和"义",仍然是维护封建社会等级秩序的伦理规范而已。韩愈还认为,讲"道"和"德"绝不能离开仁和义。他说:"凡吾所谓道德云者,合仁与义言之也。"[1]在他看来,仁和义有确定的内容,道与德却没有确定的内容。因此,道德必须与仁义联系起来讲,否则道德就可能变成坏东西。他认为,佛、道二教就是离开仁、义讲道德,它们要人们"弃而君臣,去而父子,禁而相生相养之道,以求其所谓清静寂灭者"[2]。可见佛老之"道"是走向"清静寂灭"的道,使人脱离社会现实。他认为,离开礼乐刑政、君臣父子、士农工商、穿衣吃饭等日常生活去追求所谓的"道",这样的"道"只能是"一人之私言",而不是天下的公理。韩愈的这些议论,旨在论证儒家的仁义道德是封建社会唯一的合法思想,从而为其反佛老思想提供理论根据[3]。

2. 性三品说

"性三品说"是汉唐时期儒家人性论中具有代表性的观点。其间虽然有善恶相混、有善有恶论等多种观点,但自汉代董仲舒提

1　钱仲联等校点:《韩愈全集》,第120页。

2　钱仲联等校点:《韩愈全集》,第121页。

3　陈佩雄编著:《中国哲学史》,吉林音像出版社2006年版,第185页。

出"性三品"理论后，此说一直是儒家学说中的流行观点。性三品理论在解释现实人生为什么有善有恶的现象方面，较先秦儒家单纯性善或性恶论都高明，也论证了统治者对百姓实施道德教化的必要性，因此一直受到统治者的欢迎。但是，以往的儒者对于性三品的解释却是含混不清的，只是笼统地将人性的表现划分为三类，强调统治者实行德治和教化的重要性。韩愈则从理论上系统地论述了性三品的内容，对性三品学说给予了理论上的总结[1]。

韩愈认为，人人都有性有情，性是生来就有的，情是后天而生的。性就是人生而具有的本质内涵，主要有仁义礼智信五常之德；情是先天之性接触外物，受到外物的刺激而产生的喜、怒、哀、惧、爱、恶、欲七种情感。性之五德是人人都有的，但因人禀有之不同而分为三品，上品之性"主于一而行于四"，即五德俱全，且能主于仁德而通于其余四德；中品的人性"之于五也，一不少有焉，则少反焉，其于四也混"，对仁德有所不足或有所违背，对其余四德也因过与不及而混杂不纯；下品的性"反于一而悖于四"，即与此五德都相悖离。与之相应地，人情也分三品，上品的人情所发皆符合上品的人性；而中品的人情所发则或者达不到五常之德的要求，或者超过了道德的界限，但中品的人情还是期望符合道德标准的；下品的人情则完全是从下品的人性出发，无所顾忌，与道德标准完全不相符合。韩愈认为，性之三品与情之三品是相对应的，一方面"性之于情视其品"，同时"情之于性

1　刘文英主编：《中国哲学史》（上卷），南开大学出版社 2012 年版，第 490 页。

视其品"[1]。这也就是说，具有上品性的人也具有上品的情，反之，其性若为下品，其情亦相应地为下品。

韩愈认为，上品与下品之性都是不可改变的，只有中品的性才可以引导而使之朝上发展。因为，具有上品之性的人"就学而愈明"，同时具有中品之性的人"可导而上下"。因此，韩愈主张治理天下要以德礼为先，使先王之道深入人心，从而使人们有趋向德性的自觉。而德礼之治的关键在于教化，为此，韩愈反复强调教与学的重要性，主张在地方设立乡校，并要求"通经，有文章，能知先王之道"且能够"排异端而宗孔氏"的人为乡校教师。他曾写《子产不毁乡校颂》，既歌颂郑子产保存乡校，也是主张学习郑子产重视地方学校。他任潮州刺史时，注意到州学荒废，礼教未行，造成"闾里后生，无所从学"的局面，认为这种局面应该尽力改变。他运用州刺史的权力，下令恢复州学，为州学聘请了学官，带头捐献，帮助筹集经费，使州学顺利恢复，促进了地区文化教育的发展。同时，韩愈还在儒家经典中特别推崇《大学》一书，旨在强调通过个人的道德修养，即从诚意正心修身入手来达乎齐家治国平天下的目标。韩愈固然重视道德教化的作用，但同时又主张要"辅以刑政"。在他看来，上、中品性的人固然可以教化，但社会中还是有一批具有下品之性的人，而下品之人是无法教化的，只有依靠国家的强制手段才能管理他们，所谓"下者可制也"。因此，对这些生来就是恶的人，只能够通过刑政的手段，使他们"畏威而

1　钱仲联等校点：《韩愈全集》，第122页。

寡罪"，即"罚重可令凶人丧魄"[1]，从而使他们不敢为非作歹。

3. 德之修养

韩愈不仅具有良好的道德修养和道德品质，而且在吸收前人的道德修养理论的基础上，提出了一些值得借鉴的道德修养经验。

其一，责己严、责人宽。韩愈主张，道德修养要重视正确地对待自己和对待别人，做到严于律己，宽以待人。他说："古之君子，其责己也重以周，其待人也轻以约。重以周，故不怠；轻以约，故人乐为善。……今之君子则不然，其责人也详，其待己也廉。详，故人难于为善；廉，故自取也少。"[2]为人处世，待人接物，对自己的要求应当严格而全面，以鞭策自己不懈地提高道德修养；对别人的要求应当宽松而简单，别人也就乐意为善或改过从善。韩愈认为，当时的情形恰相反，一般人对别人要求是求全责备，对自己要求则很低，这样一来，就使得别人难以达到要求，自己在修养上也难以提高。他认为，这种现象的根源就是怠与忌：怠者对自己没有要求，不能提高品德修养；忌者害怕别人品德高尚获得高度评价，而对别人进行诋毁。因此，要加强道德修养，就必须矫正人们的这两种不正确的修养态度。

其二，反省自勉。韩愈认为道德修养的关键在于从个人主观上提高认识，认真深入地反思省察。他说："行成于思，毁于随。"[3]德

1　钱仲联等校点：《韩愈全集》，第348页。

2　钱仲联等校点：《韩愈全集》，第123页。

3　钱仲联等校点：《韩愈全集》，第131页。

行的养成在于深思熟虑，毁坏则在于放任自弃。因此，要形成良好的道德品质，个人应当经常对照道德准则反省自己的行为，对不合仁义规范的行为，应及时改正；有些不当行为虽然没有造成严重后果，也应当感到后悔，防止再犯。他认为，一般人的毛病都出在自己身上，仁义在于自己的内心，那些圣贤之人能够将其内心所存的仁义推广、传播给众人，而一般人不能将心中所存的仁义推而广之。因此，人就有君子小人之别，不努力成为君子，便落为小人，成为君子还是小人都取决于自己。他要求人们要在主观上保持一种上进心，勉力争取成为圣贤，只有这样才能提高自身的道德修养。

其三，自信力行。一个人要提高道德修养就一定要有道德信念，并自信有实行道德信念的条件。他认为，人的内心都存有仁义，要有坚定的道德信念守住仁义，不管是贵还是贱、是困厄还是显贵落到自己身上，都能心平气和地随其自然，不因不同的遭遇而使自己原有的仁义之心受到伤害。他主张，特立独行之人，只要行为符合道义了，便可不理会别人的赞誉或批评。因为这样的人都是豪杰之士，也是忠实地相信并坚守自己的道德信念的人。同时，对一个人道德的评价也应该注重其行为。他说："然则观貌之是非，不若论其心与其行事之可否为不失也。"[1]这是强调，不要观察一下表面现象就判定是非，而要重视道德行为的思想动机和道德行为的实际表现。

1　钱仲联等校点：《韩愈全集》，第 127 页。

第六章
宋元明中叶之德

一、诚为五常之本

周敦颐（1017—1073），原名敦实，字茂叔，北宋道州营道县（今湖南道县）人。曾任分宁县主簿、南安军司理参军、郴州桂阳县令、广南东路转运判官、知南康军。晚年筑室于庐山源莲花峰下的小溪旁，寓名濂溪书堂，故学者称他为濂溪先生。其著作有《太极图》《太极图说》《通书》等。朱熹称道他"奋乎百世之下，乃始深探圣贤之奥"[1]，是继孟子之后，继千余年不传之"圣人之道"的第一人[2]。同时，作为宋明理学的开山鼻祖，他也是程颢、程颐的老师。在传统儒学的基础上，周敦颐结合了佛道思想，继承、发展了中国传统伦理思想，使以诚为本体的德思想在中国

1　周敦颐：《周敦颐集》，岳麓书社2007年版，第234页。

2　唐凯麟，邓名瑛主编：《中国伦理学名著提要》，湖南师范大学出版社2001年版，第261页。

古代伦理思想史上独树一帜。

1. 诚为德之本

"诚"是周敦颐道德学说的基本范畴,他的《通书》以"诚"立意,系统概括了"诚"与"德"的关系。周敦颐比照万物生成模式,以"诚"为道德本原建立起其客观唯物主义伦理道德观[1]。那么,周敦颐讲的"诚"究竟是什么呢?他说:"诚者,圣人之本。'大哉乾元,万物资始',诚之源也。'乾道变化,各正性命',诚斯立焉,纯粹至善者也。"[2]《易》以"乾"为天,实指《太极图说》的"自无极而为"的"太极"。周敦颐认为,作为圣人之本的"诚",源自万物之始的太极,是在太极变化、化生万物的过程中体现出来的"纯粹至善"特性。诚是道德的极境,因而也就成了圣人之本。在谈到诚与德的关系时,周敦颐明确提出:"诚,五常之本,百行之源也。"[3]"五常"即仁、义、礼、智、信五德,"百行",指一切有关伦理的德行。周敦颐认为,"诚"是宇宙在其自身生成和万物化生过程中蕴含的一种真实无妄的自然属性;它在人身上的凝聚和显现即德,因而德之根本即为诚。也就是说,一切德性和德行的根本是真实无欺。故诚立,则人才能具备各种德性并从事一切道德行为,所以说"诚则无事矣",有了诚,就无须在培养具体德行上用力了。周敦颐不仅在理论上强调"诚为德

---

1 唐凯麟,邓名瑛主编:《中国伦理学名著提要》,第 262 页。

2 王晓霞校注:《濂溪志(八种汇编)》,湖南大学出版社 2013 年版,第 26 页。

3 周敦颐:《元公周先生濂溪集》(卷四),北京图书馆出版社 2003 年版,第 3 页。

之本"，而且在生活中身体力行这一主张。据记载，周敦颐在担任南安军司理参军时，有囚犯罪不至死，转运使王逵想重判他。王逵是个残酷凶悍的官僚，大家没人敢和他争，只有周敦颐一个人和他争辩。王逵不听，周敦颐就扔下笏板回了家，打算辞官而去。他说，这样的官怎么能当呢？以杀人来媚人，我不为。王逵听后觉悟，囚犯得以赦免。从中可以看出，周敦颐宁愿不要乌纱帽，也要对得起自己的道德良知，正体现了他一直强调的"诚"。

2. 仁义中正之德

周敦颐在传统儒学经典和佛道思想中得到启发，从德之本原"诚"引申出具体的道德规范：仁、义、礼、智、信。"德：爱曰仁，宜曰义，理曰礼，通曰智，守曰信。"（《通书·诚几德》）在此基础上，周敦颐又重点论述了"仁、义、中、正"四德，提出圣人之道，"仁义中正而已矣"[1]。

"仁"是儒家学说的核心，对中国社会的发展产生了重大影响。孔子首先提出以仁为核心的一套学说。仁的内容包含甚广，其核心是爱人。孟子提出："仁，人心也。"[2]仁即人的善良本真的心。《通书》中有七章提到"仁"，是周敦颐道德论的最主要范畴。"仁"既居"义""中""正"等"圣人之道"之首，亦居"义""礼""智""信"等"五常"之首，是人人必须遵而行之的。

1　王晓霞校注：《濂溪志（八种汇编）》，第 27 页。

2　朱熹：《四书集注》，中华书局 1985 年版，第 477 页。

周敦颐讲的仁，一是指天的至善本质。他说："天以阳生万物，以阴成万物。生，仁也；成，义也。"[1] 天以阳生万物之性为仁。周敦颐关于"生，仁也"的解释来源于《白虎通》。他训仁为生，是为了说明天生万物的至善本性。仁是秉阳气而生的，阳属善，故仁主善。仁又和"纯粹至善"的诚沟通了，它们共同具有善的特点。二是指人的仁爱品质。周敦颐说："德，爱曰仁。"[2] 又在《通书·爱敬》章说："故君子悉有众善，无弗爱且敬焉。"周敦颐提倡爱人，不仅主张泛爱，甚至还主张无所不爱，所谓"君子悉有众善，无弗爱且敬焉"。君子能从别人的缺点中发现优点，学习别人的优点，从而"悉有众善"。

"义"是儒家学说中重要的道德范畴，是儒家用来指导人们思想行为的道德准则，要求人们见利思义，舍生取义，不能见利忘义。"义"在周敦颐的"诚"思想中是仅次于"仁"的范畴。周敦颐认为，"义"一方面是指天以阴成就万物的特性。"天以阳生万物，以阴成万物。生，仁也；成，义也。"（《通书·顺化》）义是天以柔顺的方式来成就万物的属性，又是万物相处应遵循的基本准则。另一方面，"义"又具有适宜之义。周敦颐说："宜曰义。"[3]"义"表面是指人的行为举止恰如其分，言行与自己所处的场合、与自己的身份地位相适宜，分寸感恰到好处。从本质上说，"义"

1　周敦颐：《元公周先生濂溪集》（卷四），第 12 页。

2　周敦颐：《元公周先生濂溪集》（卷四），第 5 页。

3　周敦颐：《元公周先生濂溪集》（卷四），第 5 页。

是指人成就自身的根本，即不违反人之至诚本性，循着自己的本真之心，按道德准则办事，"立人之道，曰仁与义"[1]。

儒家非常重视"中"的价值和意义。"中"是指不偏不倚，无过与不及。"中"，一方面是指"中和"。"中"为天地万物存在之根本属性，"和"为大家应遵循的原则；只有达到中和的境界，才能天地各得其位，万物发育生长，一切合乎自然法则。可见，中和是顺应自然万物发展之规律所达到的最高境界。另一方面是指"中庸"。孔子认为，中庸是一种适度、恰到好处的状态，是最高的道德标准。在此基础上，周敦颐继承发展了"中"的思想。他说："性者，刚柔善恶，中而已矣。"[2]每个人的性情禀赋不一样，有的刚强，有的柔弱；刚强、柔弱之中都包含着善恶的成分，只有保持适度、恰到好处，才是完美的状态。周敦颐认为，刚强的性情，善的一面表现为大义、正直、果断、刚毅，恶的一面表现为鲁莽、狭隘、横行霸道；柔弱的性情，善的一面表现为仁慈、恭顺、谦让，恶的一面表现为懦弱、优柔寡断、邪佞。刚柔都具有善恶的一面，因此就要居中而为。只有这样，才能达到和谐适度。因此，"中节也，天下之达道也"[3]，中就是最高的道德修养，无论是起心动念还是待人处事，都要恪守中正之道。

周敦颐讲的"正"有两方面内涵。"正"作名词用，其意

---

1 周敦颐：《元公周先生濂溪集》（卷一），第10页。

2 王晚霞校注：《濂溪志（八种汇编）》，第27页。

3 王晚霞校注：《濂溪志（八种汇编）》，第27页。

为"正"道。"静无而动有，至正而明达也"[1]"动而正曰道"[2]中的"正"即是指和"邪"道相对的"正"道；"正"作动词用，是端正之意。"以义正万民"[3]"师道立，则善人多，善人多则朝廷正而天下治矣"[4]中的"正"即"端正"之意。实质上，"正"主要指道德意义上的公正、公明和正当。正首先是公正、无私，即对事理的明达和对人事的公明态度。周敦颐说："公于己者公于人，未有不公于己而能公于人也。"[5]要做到"公"，必须推己及人，从自己做起。只有自己做到了"公"，然后才能做到真正的"正"。

周敦颐做官后不仅思想上重视公正，而且在行动上也廉洁奉公，一心想着百姓，关心他人生活，关心国家大事。据记载，他在当洪州南昌知府时，有一次得了一场大病。他的朋友潘兴嗣去探望他，一进门便吃了一惊。原来，周敦颐家中空空如洗，日常生活用品全都盛在一个已经破旧得不像样的柜子里。潘兴嗣知道，周敦颐任知府已经几年，俸禄并不低，但他领到俸禄后，总是或散以济贫，或分送同宗族的亲戚，或用来招待客人和朋友；只要别人向周敦颐说一声自己有什么困难，他总是会毫不犹豫地慷慨解囊，所以才会导致现在自己生病了，连看病的钱都拿不出来。周敦颐的妻子哭着对潘兴嗣说，钱财散尽之后，全家便总是以粥

1　周敦颐：《元公周先生濂溪集》（卷四），第17页。

2　周敦颐：《元公周先生濂溪集》（卷四），第7页。

3　周敦颐：《元公周先生濂溪集》（卷四），第10页。

4　周敦颐：《元公周先生濂溪集》（卷四），第10页。

5　周敦颐：《元公周先生濂溪集》（卷四），第22页。

度日，生活过得清贫而寒酸。后来，周敦颐为官的朋友们想出钱
为他新建一所住宅，周敦颐知道后婉言拒绝。他说："我节衣缩
食，是为了给黎民百姓做表率，以防奢华浪费之风盛行。如果我
们为官的都讲究穿漂亮衣服，追求奢靡享乐。老百姓也就会仿效，
其结果会导致百姓品行不端，社会风气败坏。到那时再纠正就难
了，所以我不能接受你们的恩惠。"朋友听后都点头称是。

3.无欲主静

周敦颐将道德境界划分为三层：圣、贤、士。"圣人"是最高
的理想人格，也是"诚"的最高思想境界的代表。周敦颐认为，虽
然圣人有天生的禀赋，但是通过努力加强自身道德修养，可以达到
圣人境界。为此，周敦颐提出了"无欲""主静"的道德修养方法。

周敦颐认为，要达到圣人的境界，就必须"窒欲""寡欲"乃
至"无欲"。他说："'圣可学乎？'曰：'可'。曰：'有要乎？'
曰：'有'。请闻焉！曰：'一为要。一者，无欲也。无欲则静虚
动直。静虚则明，明则通；动直则公，公则溥。明通公溥，庶
矣乎！'"[1]"无欲"在这里被视为"静虚动直"的先决条件。他认
为，只要心中"无欲"，心便"静虚"，"静"如水则明鉴；"虚"
若谷则无杂，就能做到"静虚动直"，"静虚"则"明"，"明，无
疑也"；"动直"则"公、溥"。可见，保持平和的心境，对事物
的了解就能明白透彻；胸怀开阔，思想豁达，对事物的选择会更

1　王晚霞校注：《濂溪志（八种汇编）》，第 29 页。

明智，待人处事也会更公正。有了"欲"，心便不能"虚"，不能"明、通"；行动就不能正直，不能达到"公、溥"。心境宁静而虚灵，行动正直而合乎"公"，这种"虚静动直"，就是圣人的标志。当然，"无欲"的"欲"不是指饮食男女等人的自然欲望，而是指与天地和社会环境相违背的妄念和妄行。因为，妄念会破坏人的心灵的调控能力，使人追逐外物，迷失人生根本的方向。周敦颐认为，人的一切杂念以及过分的欲望，都会引人进入邪道，从而产生不道德的思想和行为。所以，人们修养的目标应该是使人无欲；心中纯一，没有丝毫私心杂念，是心体纯一虚静的状态，如此就会达到无欲而静的境界。只有这样，人才能用自己的灵性指引自己和他人走上回归天道的大道，才能在人生中保持内心的灵明，把握自己的吉凶祸福。

要达到无欲必须养心。周敦颐认为"诚"是率性，也是人心的本来面目。"心，统性情者也。"[1] 人的五性相互感动产生善恶是非，而性又根植于心，因此，不养心就不能达到中性，只有养心才能达到如禅宗说的"明心见性"。心本来明净，自由自在，可以不受束缚；但是，欲使心失去了本然，蒙蔽了心，以致使人做出各种违反天道的事情，造成了各种不幸和灾难。因此，要通过养心去除一切遮蔽本心的欲望。人心与天地之心同根于诚，养心不仅指养个人的心，从而使人与诚同流，即是诚意正心和修身齐家；

---

1 张载：《张载集》，中华书局 1978 年版，第 375 页。

而且养心也是养天地之心，去除天地之欲，教化人们趋善避恶，即是治国平天下[1]。对于养心，周敦颐自有他独特的方法。周敦颐酷爱"出淤泥而不染，濯清涟而不妖"、雅丽端庄、清幽玉洁的莲花。他任知南康军时，在府署东侧挖池种莲，名为爱莲池，池宽十余丈，中间有一石台，台上有六角亭，两侧有"之"字桥。盛夏时，他常漫步池畔，欣赏着随风飘逸的莲花，口诵《爱莲说》，以此修心养性，陶冶情操。自此，爱莲池闻名遐迩。

与追求物质上满足的要求不同，周敦颐更喜欢追求精神上的富庶。"是道义由师友有之，而得贵且尊，其义不亦重乎！其聚不亦乐乎！"[2]周敦颐在价值追求上亦是轻财物、重道义。在周敦颐眼中，以"道充为贵，身安为富，故常泰，无不足。而铢视轩冕，尘视金玉，其重无加焉尔"[3]。道为至尊，德为至贵，身安即心安为至难得。人只有以美好而又充实的大道为尊贵，以心安为富有，内心时常道德充实，安宁自然，那就会保持一种泰然自若、知足常乐的精神状态。在周敦颐看来，大道比世间的荣华富贵、金银财宝都要贵重，没有什么比大道更值得人去追求的了。周敦颐性情朴实，自述道："芋蔬可卒岁，绢布足衣衾。饱暖大富贵，康宁无价金。吾乐盖易足，名濂朝暮箴。"[4]他从小信古好义，"以名节自砥砺"[5]，平

---

1 陈天林：《周敦颐思想探微》，复旦大学博士论文，2004 年，第 70 页

2 王晚霞校注：《濂溪志（八种汇编）》，第 29 页。

3 王晚霞校注：《濂溪志（八种汇编）》，第 30 页。

4 周敦颐：《元公周先生濂溪集》（卷四），第 9 页。

5 周敦颐：《元公周先生濂溪集》（卷四），第 13 页。

生不慕钱财，爱谈名理。他虽在各地做官，但俸禄甚微，即使这样，他还时常把自己的积蓄施给故里宗族。周敦颐为官清贫，家徒四壁，不仅在思想上廉洁奉公，在行动上更是如此。他的高尚品质深受时人赞许，为后世的精神画卷留下了浓墨重彩的一笔。

二、得天理而用之

程颢、程颐（以下简称二程）兄弟，是北宋著名的思想家、教育家，洛阳（今属河南）人，宋明理学的奠基人。程家自高祖以下，世代为官，父名珦，曾任黄陂尉、太中大夫等职，是新政的反对者，享年八十五岁，儿子程颢卒后五年他才去世。二程有一位很有教养的母亲，家境虽好，但她教两个儿子过俭朴生活，并要求他们容忍。童年和少年时代，兄弟俩多半在家中读书，十五岁那年，由父亲带着他们向周敦颐问学。为端正二程学道的志向，周子给予他们适时的启发。后来这一对兄弟的学问，都在周子之上。

程颢（1032—1085），字伯淳，学者称其为明道先生。二十五岁中进士，历任京兆府户县主簿、江宁府上元县主簿、泽州晋城令。神宗初年，吕公著推荐他到朝廷做太子中允、监察御史里行。他每次进见神宗时，总是不厌其烦地陈述"君道以至诚仁爱为本，未尝一言及功利"（《河南程氏粹言·君臣篇》）。神宗认为他的主张均为"尧舜之事"，没有采纳，但仍以礼待之。程颢曾猛烈抨击王安石的新法，并因此被贬回洛阳。他对新法自始至终采取不调和的态度。当时旧党人物司马光、富弼、吕公著等人也都退居洛阳，程颢与他们交往甚密，相互标榜，形成了在野的政治舆论力量。神宗死后，高太皇太后听政，旧党司马光、吕公著等被起复使用，他们贬逐新党，撤除王安石的新学制。程颢被召入京，授京正寺丞，他还未及上路就病逝于家，时年五十四岁。

程颐（1033—1109），字正叔，学者称其为伊川先生。在太学时，以《颜子所好何学论》而知名，未中进士。其父程珦屡次得"任子恩"（荫庇子孙为官），他都把机会让给同族，对朝廷推荐，一概不就。直到哲宗元祐初年，旧党重新掌权后，他才接受司马光、吕公著的推荐，授汝州团练推官，充西京国子监教授。元祐元年，除秘书省校书郎，随时召对，授崇正殿说书，职责是向哲宗侍讲经书。元祐八年，哲宗亲政，决心继承神宗的变法事业，因而清除了朝廷中的旧党。程颐也被视为"奸党"中的一员，放归田里，后被贬为"涪州编管"。诏命下来，当天就被遣送，连要向叔母辞别也不获允许。赴涪州途中渡汉江时，波涛汹涌，船几乎翻了，船上的人都号叫哭喊，只有程颐端正地坐着，面色不改。等到上岸后，同船的父老问他如何有这样的修养，程颐说："只不过心里能诚敬罢了！"徽宗即位不久，程颐获赦复官，返回洛阳。门人见他肤发气色比过去还润泽健朗。政界是非不分，使程颐毅然辞官不干。可是，反对派不肯就此罢休，又诬告他用邪说诡行惑众，于是他所有的著作都被查禁。程颐不得已搬到龙门南方居住，并且告诉四方的学者说："你们奉遵所已闻知的就可以，不必再来我这里了。"徽宗大观元年，程颐终于结束了他萧条的晚年生活，病逝于家中。

"天理"是二程全部学说的出发点。程颢曰："吾学虽有所受，'天理'二字却是自家体贴出来。"（《二程外书》卷十二）在中国哲学史上，二程首次将天与理并提，并作为宇宙终极本体和哲学最高范畴。他们的"天理论"不仅将传统儒学的天本论发展到抽象、思辨的理本论，而且赋予"天理"以崭新的伦理学含蕴，将"天理"的本体精神和终极意义贯彻于其伦理思想，建立了一个以天理论为核心的理学伦理学体系。

1. 德源于天理

二程认为，天是宇宙万物的主宰者和根本之源。"天者，理也"，"万物皆只是一个天理"[1]。二程以天为理，宇宙万物之自然而不易的常则，谓之天理。二程首次把天理作为宇宙万物的本体，并根据"天人本无二"即"天人一理"的思想，提出了德源于天理的观点。

与张载的"气一元论"不同，二程颠倒了理与气的关系，提出了"理一元论"的宇宙观。他们认为，理是"形而上者"，气是"形而下者"，理与气虽不可分割，但理毕竟是阴阳之气运动变化的"所以然"者，是气的本原。例如，花和叶都是由阴阳之"气"

---

1 《二程集》，中华书局 1981 年点校本，第 32，30 页。

运动变化而成，而花之所以成为花，叶之所以成为叶，就是因为"气"在聚合时，分别遵循了"花之理"和"叶之理"。而"火之所以热，水之所以寒"，君臣父子之所以是君臣父子，也都遵循着一定的理。人们要想"穷理"，就需要探索事物之所以然，而不能仅仅知其然。天地间万事万物，从自然界到人类社会，都有它们所以如此的原因，这就是"天理"。可见，二程认为，"天理"是宇宙万物的本原，是天下事物之所以如此的根本原因。

二程还提出，"理"无处不在，万事万物，各有其理，但是从根本上说，"万物皆是一理"，每一个具体事物所体现的，都是这个根本的"天理"，是"天理"在万事万物中的具体体现。"理则天下只是一个理，故推至四海而准。"（《二程遗书》卷二上）二程认为，社会中的一切伦理纲常都是理，"忠者天理"（《二程遗书》卷十一），"礼即是理也"（《二程遗书》卷十五），"仁者天下之正理，失正理则无序而不和"（《程氏经说》卷七）。可见，人伦纲常之理，即君臣、父子、长幼、夫妇、朋友各种伦常及仁、义、敬、孝等德目，都源自天理，是天理在人伦关系中的体现。"有德者，得天理而用之。"（《二程遗书》卷二上）"天理"是"德"的起源，没有"天理"，就没有"德"。因此，二程认为，人伦纲常之理是天理本原性、至善性和必然性的体现，因而是人不可须臾离开的，也是不可违背的；如果违背了人伦纲常就等于违反了天理，会导致父子不亲、君臣不敬、夫妇不顺、长幼无序、朋友不信，产生人际失衡、家庭失和、社会失序的混乱局面。

总之，二程把本来属于自然界规律的"天理"，运用于伦理道德范围，阐明了天理之于伦理道德的本体性和本原性，使伦理道德属性成为"天理"的重要内容。程颢认为，父子、君臣之伦理准则，是天下恒定不变之理，是任何人都应严格遵守的。程颐也说，世间万物各有其理，做人也应有其道：为人父当慈爱，为人子当孝顺，为人君当仁义，为人臣当敬重；所有人都各有其所应遵循之伦理准则（理），得其理则相安无事，失其理则关系混乱。圣人所以能使天下顺治，不是人为地为人们制定伦理准则，而只是使所有人循其本性，悟得天理，自觉遵循为人之理，即人伦纲常之准则。

2. 德之人性论基础

二程在人性论上主张人性"二重"说。在二程人性论中，"性"与"理"是同一的。二程认为，理即是性，性即是理；"理"凝聚在人身上就成了"性"，"性"是"理"的特性在人身上的体现；"理"（天理）的本性是至善的，而性的本然状态是"理"在人身上的折射，因而是至善的，无论人来自本性的情感、喜怒哀乐等是否表现出来。即使人的情感表现了出来，只要处处合乎规范节度，仍然能保持性的至善。由此可见，二程是主张性善论的。性善论的逻辑推导十分清晰，那就是由"理""性"同一，到"理"本善与"性"本善的相互一致。性善论是孟子的发明，但二程的性善论与孟子的不同，因为二程为其性善论寻找到了"理"本善的哲学根据，从而从本体论上弥补了孟子人性论的哲学缺陷[1]。应当说，二程的性善论的主要贡献不仅是天理论的进一步展开，而且是德起源论的进一步深化。如前所述，"天理"是超自然的宇宙伦理本体，而"性"是一个表达人的本质的概念。因此，二程的德起源论由天理论进到性善论，是一个由客体移入主体、由他律过渡到自律、由客观必然过渡到主观需要的不断深化的理论过程。这一过程反映了人伦道德是宇宙和谐、社会和谐的客观要求，又是人完善自我、实现自我的内在需要[2]。

但是，现实生活中人性的表现与"性本善"存在着明显的不一致。现实人性并非都是善的，而是善恶混杂的；现实社会有好人，亦有恶人。对此，二程不但同诸多先儒一样并不讳言，而且将其视为道德修养和道德教育的重要依据，并深入考察了现实人性与人的道德本性不一致的原因。二程认为，人性有两种："天命之性"和"气禀之性"。"性字不可一概论。'生之谓性'，止训所禀受也。'天命之谓性'，此言性之理也。"（《二程遗书》卷二十四）这里的"天命之谓性"是指"天命之性"；"生之谓性"，是指后天"所禀受"的"性"，即"气禀之性"。"天命之性"是"性之理""性之本"，是在具体的人和物尚未存在或形成以前，以"理"或"道"的宇宙本体形式而存在着的性。"气禀之性"是指人、物在"气化"过程中逐渐成形时对"天理"禀受的特性。二程认为，性有本末之分，言性的时候，需要分清不同的立意；人

1 王正平：《中国传统道德论探微》，上海三联书店2004年版，第160页。
2 陈谷嘉、朱汉民主编：《中国德育思想研究》，浙江教育出版社1998年版，第534页。

性善是指"天命之性"，是性之本原；人产生时禀受的气而具有的个性，是指"气禀之性"，是性的具体表现。可见，二程把"天命之性"看作先天之性，把"气禀之性"看作后天之性。人诞生以后，由于其"气禀"不同，"性"就会有所差异，就会有善恶之分。二程说，有的人从小就善良，有的人从小就恶，这是禀受气的程度不同导致的。那么，先天的至善之性经过"气禀"之后为什么就会出现恶呢？二程说，性之本是至善的，而形成万物的气则有善与不善。有人之所以不知向善而为恶，是因为浑浊之气阻塞了某些人心中固有的至善本性的发用流行。同时，"无不善"的"性"能否完全或部分地实现，还要受制于各人所有的才。"性无不善，而有不善者，才也。"（《二程遗书》卷二十二）才者材也，也即构成人的材质；它所禀受的是气，气有清浊之异，才有圣贤愚之殊。禀得清气者为圣为贤，他们的善才或较善之才可以使他们的善性得到充分的或较为充分的发挥。禀得浊气者为愚，他们的恶才或较恶之才便会使他们的善性遭到限制甚至扼杀。也就是说，人诞生时，"天命之性"要通过"气"转化为"气禀之性"，当所"禀"的"气"善、清时，则现实的人性就善，当所"禀"的"气"恶、浊时，则现实的人性就恶。这样，二程就为其人性论提供了较为圆满的论证，弥补了先儒人性论的理论缺陷。二程的人性"二重"说表明，后天"气禀"对养成人的德性至关重要，应当在幼童成长时期就高度重视道德环境的影响作用。

3. 明理灭欲

如前所述，在二程看来，性即理也，理本性至善，性亦本善，然而现实的人性之所以有善恶，是因为"气"有善恶、清浊。要使人从善戒恶，恢复人的本性，就必须做到"以理克气""以理胜气"。二程说："义理与客气常相胜，又看消长分数多少，为君子小人之别。义理所得渐多，则自然知得，客气消散得渐少，消尽者是大贤。"（《二程遗书》卷一）"义理"为善，"客气"即以发乎气血的生理之性，善恶并存；当"义理"胜"客气"，则为"君子""大贤"，"客气"胜"义理"，则为"小人"。"理""气"的"消长"关系就决定了一个人的道德品质和道德人格。二程认为，凡是发乎气血的生理之性，都需要"义理"去克服之；因为理胜则使人明事理，气胜则会招致怨恨。然而，"以理胜气"并非易事，很多人都是因担心道德谴责才去"制气"，而不是真正想着以"理"去"胜气"。因此，这样做并不能消除浊"气"，只能是暂时压制了浊"气"，善的人性并没有真正恢复。如果能做到"以理胜气"，就可以逐渐消除浊"气"，从而恢复人的善本性[1]。

二程认为，人们之所以很难做到"以理胜气"，就在于欲望的诱惑。二程说，人之所以不为善而为恶，在于欲望的诱惑；人在欲望的驱使下，背离善之本性而不自知，以至于天理灭而不知回归本性。"故目则欲色，耳则欲声，以至鼻则欲香，口则欲味，体

1　王正平：《中国传统道德论探微》，第163页。

则欲安，此皆有以使之也。"（《二程遗书》卷二十五）正是由于欲望的引诱，才使得人们不为善；同时，也是由于欲望的蒙蔽，才使得人们无德。可见，"理"和"欲"是根本对立的，是难以达到一致的。故曰："大抵人有身，便有自私之理，宜其与道难一。"（《二程遗书》卷三）并且欲望的危害是巨大的，因为利益是众人都想得到的；如果只想为自己的利益考虑，其害处就更大。欲望过甚，则会使人昏庸而忘义理；追求欲望过急，就会造成争夺、伤害而引起仇怨。因此，"理""欲"水火不容，"理"存则"欲"亡，"欲"在则"理"灭；无私欲，则都是天理。因此，二程明确提出："人心私欲，故危殆。道心天理，故精微。灭私欲则天理明矣。"（《二程遗书》卷二十四）从而把"明理灭欲"作为恢复善本性、进行道德修养的重要原则加以肯定。

当然，二程所反对的"欲"，是嗜欲，是非分的欲望。对于人的正常欲望，二程并不反对。程颢说过："富，人之所欲也，苟于义可求，虽屈己可也；如义不可求，宁贫贱以守其志也。非乐于贫贱，义不可去也。"（《程氏经说·述而》卷七）意思是说，财富，是人们希望得到的。如果从道义上讲可以去求取，那么即使委屈自己也可以去做；如果按道义不该求取，那么宁愿处于贫穷困厄，以保持自己的品质。这并不是自己喜欢过贫穷困厄的生活，是因为不能丢掉道义呀！程颐也说："天下只是一个利，孟子与《周易》所言一般。只为后人趋着利便有弊，故孟子拔本塞源，不肯言利。其不信孟子者，却道不合非利，李（觏）是也。其信者，又直道不得近利。人无利，直是生不得，安得无利？"（《二程遗书》卷十八）这就是说，利是客观存在，人们不能不言利，也不能无利，离开了讲利，就无法生活。但是不能走两个极端，信孟子的人，只讲义不得近利；不相信孟子的人，认为只能讲利，不得讲义。正确的做法，应当是"利不妨义"。

同时，二程又认为，"天理"与"人欲"并非绝对的对立，合理的"人欲"也是"天理"，对"天理"无害；只有非分、过度的"人欲"，才是有害于"天理"的，因而是应当消除的。程颐说："天下之害，无不由末之胜也。峻宇雕墙，本于宫室。酒池肉林，本于饮食。淫酷残忍，本于刑罚。穷兵黩武，本于征伐。凡人欲之过者，皆本于奉养。其流之远，则为害矣。先王制其本者，天理也。后人流于末者，人欲也。《损》之义，损人欲以复天理而已。"（《二程粹言》卷一）这是说，宫室、饮食、刑罚、征讨，都是本；而峻宇雕墙、酒池肉林、淫酷残忍、穷兵黩武，则是末。"制其本"即对于本的发展加以节制，就是天理。不能加以节制而"流于末"，就是人欲。满足基本的物质需要是天理，超过了一定的限度，奢侈放纵、残酷暴虐，就是人欲了。只有这样的人欲消除了，天理才能得以恢复。

4. 心本善

二程主张，心不仅是认识主体，亦是宇宙本体。程颐说，心是产生万事万物的本原；有了心，有形的事物才由此产生。二程认为，心即是天，心、天等同，天生万物也就是心生万物。二程哲学思想中，主要是以理、道等为宇宙本体，但由于心与理相通为一，故理所具有的宇宙本体的意义，心同样具有。二程说："理与心一，而人不能会之为一。"（《二程遗书》卷五）不仅心与理一，而且命、理、性等范畴都是与心相通为一的。二程说："在天为命，在义为理，在人为性，主于身为心，其实一也。"（《二程遗书》卷十八）虽然命、理、性、心在不同的方面有不同的表现，但它们都是相通为一的宇宙本体，是万物之所以产生的来源和存在的根据。

既然心、理同一，理的本性至善，心亦具有善性。二程认为，心为善，具有仁义道德的内涵。程颐在回答"心有善恶否"的问题时指出："心本善，发于思虑，则有善有不善。若既发，则可谓之情，不可谓之心。"（《二程遗书》卷十八）也就是说，当心没有动念的时候，它是善的；当心动念之后，则有善与不善之分，因为心发为情，心一动念就转变为情，情则有善与不善。

二程继承了孟子的"尽心"说，强调"治心"，认为学问的根本就是治心。故理学亦可谓之"治心之学"。"治心"的要求就是求"放心"。程颐说："'放心'，谓心本善，而流于不善，是放也。"（《二程遗书》卷十八）心本善良，有了欲望就把善良的心丢失了，谓之放心。为了把善心寻找回来，就得求放心，于是二程提出了一套以"立诚""主敬"为核心的治心、求心的理论。"立诚"是指以"诚"为修身立命、为人处世之本。二程说："学莫大于平心，平莫大于正，正莫大于诚。"（《二程遗书》卷二十五）

学习需要心平静，而心平静需要心正，心正需要心诚。二程借鉴《中庸》中"诚者，天之道也。诚之者，人之道也"的思想，把"诚"视为天理的根本道德属性、人伦的最高道德标准。二程认为，诚者为天之道，敬为人事之根本。"主一者谓之敬，一者谓之诚。主则有意在。"（《二程遗书》卷二十五）"诚"与"敬"，"诚"居客体，"敬"属主体；"诚"寓自然，"敬"含人意，诚与敬相辅相成，相互统一。他们还明确指出："仁、知、勇三者，天下之达德，所以行之者一。一则诚也。"（《二程遗书》卷二上）"一德立，而百善从之。"（《二程粹言》卷一）"诚"集人伦道德之大成。人如果具有了诚德，也就具有了所有人伦道德。"主敬"是指立身处世中保持思想专一、心无旁骛的精神状态。程颐指出："所谓敬者，主一之谓敬，所谓一者，无适之谓一。"（《二程遗书》卷二）二程所谓敬就是"主一"，包括内外两方面，内在方面就是保持心的专一，"一则无二三"；外在方面就是整齐严肃，动容貌，也是为了保持心的专一。可见，"主敬"就是一心一意持"敬"端庄，清醒理智地对待外部世界的诱惑，如此心主于敬，则邪不能入。"主敬"作为一种涵养内心的功夫，目的在于明心见性的基础上通达天理。

二程治心理论的根据就在于"心本善"。由此，二程又把善心与天德联系起来，认为心所具有的道德属性是天所赋予的，只要尽己心，便能体现天德。二程说："心具天德，心有不尽处，便是天德处未能尽，何缘知性知天？尽己心，则能尽人尽物，与天地参，赞化育。"（《二程遗书》卷五）天德即为天理。心具天德，便是心包含了仁义礼智之天理。二程认为，尽心便是尽天理，它与知性、知天在逻辑上是一致的。二程把尽心作为尽人尽物的前提，从心出发而不是从物出发，通过尽心达到尽物，以参与天地万物之化育。同时，二程又把心分为道心与人心两种不同之心，道心与天理相联，而人心与人欲相通。程颢说："'人心惟危'，人欲也。'道心惟微'，天理也。"（《二程遗书》卷十一）程颐也说："人心私欲，故危殆；道心天理，故精微。灭私欲，则天理明矣。"（《二程遗书》卷二四）二程提出，道心与人心相分的思想旨在说明"明理灭欲"的必要性，为其道德修养论奠定基础。

二程的心性修养都很高，但在具体应物处事的过程中则表现出较为明显的差别。例如，有一次，二程兄弟应邀赴宴，席间有歌妓起舞，程颐正襟危坐，低头不视，程颢则谈笑自若，似不在意。第二天，程颐跑到程颢的书房里，余怒未息地责备起兄长来。程颢却哈哈一笑说："我眼中有妓，心中无妓；正叔（程颐）眼中无妓，心中有妓。"程颐曾作非礼勿视、听、言、动"四箴"自警，恪守孔子"非礼勿视、非礼勿听、非礼勿言、非礼勿动"的遗训，以眼不见心不烦的方式来避免诱惑。可这正说明了他对非礼之事很在意，心里存有戒惧，远不如程颢应物无滞的"不动心"境界来得洒脱，来得高明。程颢认为只有心无内外，无将迎，才能做到"心中无妓"，乃至"忧患中自有宁静"。

5. 气节明德

二程很看重一个人的气节，认为一个人的气节主要体现在忠君、安亲、节制等方面。二程"从一而终"的思想不仅体现于"三纲"中对寡妇的要求，更体现于一个臣子的气节之中。二程认为，臣子应该忠君，不能存有违逆之心，应该从一而终地忠心效君。君有失德行的行为，责任更多地在于臣，因为臣没有尽到辅佐之责。作为臣子应当谏言君上，明德明理，使君上的行为符合"天理"绝对道德律令的要求。臣不能因为君的荒淫无道，而违背"天理"去推翻君主，破坏君臣伦理关系。当然，二程所强调的这种"忠君"气节并不是说要完全曲意奉承，而是要尽心尽责。只要臣子尽心尽责了，是否采纳谏言是君上的事情。无论怎样，臣子都要绝对遵循符合"天理"的严明的君臣等级关系。程颐说："臣本山野之人，禀性朴直，言辞鄙拙，则有之矣；至于爱君之心，事君之礼，告君之道，敢有不尽？"[1]可见，二程很看重"忠君"气节，爱君事君，忠君以明德是一个臣子的本分，这样的"忠君"才是符合"天理"之德的。

据记载，程颐曾三劝宋哲宗。宗哲宗元祐元年（1086），程颐被司马光举荐担任宋哲宗的老师，他以辅养圣德为己任，对年幼的皇帝宋哲宗的一丝一毫的过错也不放过，可谓尽心尽责。一天，宋哲宗听程颐讲完书之后，走出崇政殿，见柳丝吐芽，被风

1　蔡方鹿：《程颢程颐与中国文化》，贵州人民出版社1996版，第271页。

一吹，袅袅飘拂，十分可爱，便忍不住上前想折枝把玩。程颐见皇上要去折柳枝，便说："现在正是春天，正是树木发芽生长的时候，不可摧折。"接着，又给宋哲宗讲了一番"物亦有情"，圣人不伤情的道理。还有一次，程颐听人说宋哲宗在宫中连走路或用水漱口都避开蝼蚁，唯恐伤害这些小生灵。程颐听后为皇上的爱心所感动，但他认为这还不够，便在讲堂上对宋哲宗说："陛下走路或用水漱口都怕伤害蝼蚁这些小生命，但愿陛下能推此心以及四海，则天下幸甚！"意思是说陛下若能把对小生灵的爱心，扩大到爱护天下四海的百姓，那才是天下百姓的幸事！第三次是规劝皇上戒奢侈。有一天，程颐到宋哲宗居住的后苑中去，见内室中用的水桶是金制的。程颐觉得这太奢侈了，便向皇上进谏说："今天下百姓尚有食不果腹、衣不蔽体者，宫中用金桶太奢侈，应禁用。"并对太皇太后说："先前我曾说过，为辅养圣德，皇上服用器玩皆须质朴，一应华巧奢丽之物不得至于上前。可宫中怎么能用金制水桶呢？"太皇太后虽然认为程颐说得有道理，可内心并不以为然。有人对程颐说，宫中一向都是用金制水桶的，从崇庆历年间就开始了。程颐坚持说："这关系到辅养圣德的大事，不管从何时开始，只要当今皇上用金桶，我就不敢不谏。"后来皇上只好下诏宫中禁用金制水桶。

自古虽有忠孝不能两全的观点，而二程对此却有独到的见解。他们认为忠孝是可以两全的，一个人不仅要有"忠君"的气节，也要"尽孝安亲"。程颐说："古人谓忠孝不两全，恩义有相夺，非至论也。忠孝，恩义，一理也。不忠则非孝，无恩则无义。"[1]忠义多指君臣之间，恩孝多指父子之间，从理上说，对君不忠的人也不是孝子，无父子之恩的人，也难有君臣之义。所以，他们认为忠孝、恩义是统一的，孝亲之人也能忠君，忠君之人必能孝亲。二程非常看重父母的生养之恩，认为对父母的孝顺是符合"天理"之德的。程颐说，人的出生，就像乾坤定位一样，是不以人的意志为转移的，所以，父母生身之义是至尊至大的，不可改变的，如果乱了父母生身之大伦，则是人理灭矣。又说，父母对于子女的爱是至爱，如果子女对父母无孝心，则爱心全无。因此，子女尽至诚之心孝顺父母，是人间大义；不忘本宗，尽其恩义，是人间至情。二程认为，对父母尽孝，主要体现在日常的衣食住行上，衣食先让父母用，这是尽孝的表现，是不忘生育之恩，是符合大义的。

在二程看来，一个人不仅要有"忠君孝亲"的气节，"节制"也是一个人必不可少的气节。二程说："凡物之大小、轻重、高下、文质，皆有数度，所以为节也。数，多寡；度，法制。议德行者，存诸中为德，发于外为行。人之德行，当义则中节。"[2]人的德行、品质，与万事万物一样，都有一定的限度、度量，不可过度，亦不可不及，过和不及都不好，过则节，不及则求，使之就中、适中，方为至德。二程认为，一个人必须有节制，方能在物欲横流的现实社会中不迷失自己。二程还把这种节制分为"大节"

1　蔡方鹿：《程颢程颐与中国文化》，第 274 页。

2　卢连章：《程颢程颐评传》，南京大学出版社 2001 版，第 276 页。

和"小节"。所谓的"大节"就是一种大德，忠君卫国，为君上和国家尽忠；"小节"就是一种小德，从个人小的方面保节，比如妇女的"从一而终"守贞节，仁人志士怀才不遇却洁身自好守名节等。

据记载，二程自我节制的修养功夫很高，尤其是程颢。程颢性情宽和，没事时静坐着像个泥塑的人，待人接物时却浑然一团和气。有门人跟随他三十年，从来没看到他发怒过，这是他自我节制的修养之功效。他在给张载的信上曾说："人最容易发作而难以控制的，便是怒。但是在愤怒时，能即刻忘记愤怒，而明辨是非曲直，也可见外在环境的拂逆，原不值得厌恶和逃避。这样对于道也就能有相当的体会了。"这种"节忿制怒"功夫，正是程颢修养的得力处呢！也因为如此，四方学者，都乐意跟他学。朱光庭来问学，回去后便对人说："我在春风中坐了一个月。"程颢认为，道不明很久了，一般人受时俗的习染，如果一定要学生有"不愤不启，不悱不发"的主动学习精神，那势必疏远了师生的关系，使得道更没有昌明的希望了。所以他对学生的循循善诱，关怀备至，就是桀骜不恭的人，见到他也都由衷悦服。

三、存天理，灭人欲

朱熹（1130—1200），字元晦，号晦庵，晚称晦翁，谥文，世称朱文公。祖籍江南东路徽州府婺源县（今江西省婺源），出生于南剑州尤溪（今属福建省尤溪县）。宋朝著名的思想家，闽学派的代表人物，理学的集大成者。朱熹从小就爱学习，而且喜欢思考问题。据说，在朱熹三四岁时，有一天，父亲指着天空对他说："这就是天。"朱熹立即追问："天的上面是什么呢？"表现出强烈的好奇心和丰富的想象力。后来他求学时，有一天放学后，其他孩子都去玩耍，朱熹却拿着小树枝在地上画来画去。先生走过来一看，原来朱熹在画先生刚讲过的《周易》八卦图，并对着图沉思。朱熹十九岁中进士后，先后在福建、浙江、江西、湖南等地做过十年的地方官，并给皇帝当过四十六天的侍讲，其余的四十余年，都在福建从事讲学和著述。因此，后人称其所创办的学派为"闽学"。晚年，他卷入当时朝廷的政治斗争，被夺职罢祠，其学被定为"伪学"，其人也被定为"伪学首魁"，直到去世之时，"罪名"尚未解除。但朱熹死后不久，"党禁"解弛，朱熹的地位始日渐上升，最终成为配享孔庙的"孔门十哲"之一。其思想学说从元代开始成为中国的官方哲学，不仅深刻地影响了中国的传统思想文化，而且还远播海外。例如，李朝时期的朝鲜、德川时代的日本，"朱子学"在其政治领域和思想文化领域都拥有举足轻重的地位，产生了相当大的影响。他的主要著作有《四书章句集注》《周易本义》《诗集传》以及他的门人集录的《朱子语类》一百四十卷、《晦庵先生朱文公文集》一百卷等，内容涉及哲学、经学、史学、政治乃至天文、地理诸多方面。他的《四书章句集注》在元、明、清三代都被朝廷定为科举考试的标准答案，具有不容置疑的权威性。

1. 存理灭欲

朱熹是理学集大成者，他通过总结诸家理欲论争的得失，并融合贯通儒家的理欲观，明确提出了"存天理，灭人欲"的主张。他认为，孔子强调的"克己复礼"，《中庸》所谓"致中和""尊德性""道问学"，《大学》所谓"明明德"，《尚书》中讲的"人心惟危，道心惟微，惟精惟一，允执厥中"，核心都只是教人"明天理、灭人欲"（《朱子语录》卷十二）。因此，朱熹继承了儒家这一传统，把自己学说的宗旨界定为"存天理，灭人欲"。

朱熹认为，天理先天地而存在，是天地万物产生的本原；有了天理，便有了天地；若无天理，便没有天地万物。既然天理产生发育了天地万物，天地万物中必然蕴含天理，体现了天理的特性。"天下万物当然之则，便是理。"（《朱子语类》卷一一七）天理是本体，具有本原性和至善性，体现于万物之中即为物理，体现于事实之中即为事理，体现在人类身上即为人理；朱熹往往把天理、物理、事理、人理都统称为理；又因为物理、事理、人理都源自天理，是天理的具体体现，因此有时朱熹亦把物理、事理、人理都称为天理。朱熹在讲天理的基础上，重点讲了人理，人理源自天理，体现了天理，人理即天理。

朱熹认为，人理的根本是三纲五常，而三纲五常就是天理；也就是说，三纲五常源自天理，是天理在人类社会关系中的体现。他说，天理不是别的，仁、义、理、智四德就是天理，君臣、父子、兄弟、夫妇、朋友之间应遵循的准则也是天理。也就是说，仁、义、理、智四德，君臣义、父子亲、兄弟睦、夫妇敬、朋友信等道德准则都源自天理。天理是心之本然，即心的至善本性状态，而无一点点人欲的杂念、杂想；因而，天理是善的，是人类一切德性和德行的根源。天理的至善特性表现为仁；仁是天地之心，是人类的公正之心和善良之心的根本；仁是人类社会应当遵循之正道，无仁则社会失序，人们失和，矛盾纷争迭起。可见，朱熹希望留存的是人的仁爱之心。人有了仁爱之心，也就有了高尚的道德情操。人者，仁也。仁慈恻隐，自利利他，故名为"人"。人者，尽也。尽儒教伦常之道以敦伦，尽佛教心性之道以证心，故名为"人"[1]。人之所以为人，就是因为有仁爱之心。这就是朱熹希望留存的"天理"。

朱熹主张"存天理，灭人欲"。但是，朱熹讲的人欲不是指人的所有欲望，而是指不正当的、过度的"欲"。有人问朱熹："饮食之间，熟为天理，熟为人欲？"他回答说："饮食者，天理也；要求美味，人欲也。"（《朱子语类》卷十三）朱熹认为，"天理人欲，几微之间"（《朱子语类》卷十三），合理的饮食欲望是天理，过分地要求美味就是人欲。在朱熹看来，饥饿便食，口渴便饮，这是理所应当，合乎天理的；而如果想穷尽口腹之欲望则是不正常的，是违反天理的不正当欲望。因此，"天理"与"人欲"是相

1　释印光：《印光法师文钞全集》（第 2 册），团结出版社 2013 年版，第 987 页。

对的，正常的、合理的"人欲"就是"天理"，过分的、多余的欲望就是应当要灭的"人欲"。"人欲"就是心的疾病，循此心行事则自私且邪恶。所以，"人欲"必然带来矛盾、纷争，使人们陷入罪恶的深渊。因此，"灭人欲"，并不是要灭掉人所有的欲望，而是要灭掉人的无节度的私欲和贪欲，灭掉人的杂念、恶念。"人之一心，天理存，则人欲亡；人欲胜，则天理灭。"（《朱子语类》卷十三）故"灭人欲"的实质就是克己修身、修心养性。

可见，朱熹倡导的"存天理，灭人欲"的实质是存心养性、克己复礼。"天理"是公，是至善，是人的仁爱之心。"人欲"是私，是小恶，是人的自私邪恶之欲。"存天理"就是存善，追寻天理，循道而行。"灭人欲"就是去恶，克己省身，修身养性。简单地说，"存天理"就是向善，"灭人欲"就是去恶。总之，朱熹的"存天理，灭人欲"就是主张加强道德修养，以防范个人欲望过度膨胀、陷入欲望的深渊不能自拔，从而提升个人的道德素质和境界。

2. 三纲五常

"三纲五常"是贯穿整个中国古代封建社会的伦理道德原则。朱熹把天理与"三纲五常"相联系，并且对"三纲"做了详细解释。他说："纲，网上大绳也。三纲者，君为臣纲，父为子纲，夫为妻纲。"（《通书·乐上解》，《周子全书》卷九）与此相适应的是忠、孝、节等伦理道德规范。

君为臣纲是"三纲"之要，其伦理道德规范是忠。何谓

"忠"？朱熹说："尽己之心而无隐，所谓忠也。"（《论语或问》卷一）就是对上要竭尽心意，毫无隐瞒，去尽一切"私欲"，而忠于君王。朱熹又说："忠者，诚实不欺之名。""众人只是朴实头不欺瞒人，亦谓之忠。"（《朱子语类》卷二一）可见，忠又是诚实无欺。事君忠，事父孝，臣民对于君主，犹如儿子对于父亲，儿子不能计较父亲的直与不直，臣民不能计较君主的好坏，即使遇到了昏君，做臣民的也要尽忠道。这种尽忠乃至愚忠的要求，是朱熹那个时代封建集权政治高压状况下的一种社会认同，带有强制的性质[1]。

父为子纲是"三纲"的基础，其道德规范是孝。朱熹说："善事父母为孝。"（《论语集注》卷一）孝就是顺从敬重父母，精心地服侍父母，勿违父母之命。又说："谨身节用，以养父母，此庶人之孝也。"（《朱文公文集》卷九九）做子女的要谨言慎行，不令父母蒙羞；节省开支，以更好地赡养父母。朱熹并不主张愚孝，他指出，"父母有过，下气怡色，柔声以谏"（《论语集注》卷二）。与孝相联系的是悌。所谓悌，朱熹规定为"善事兄长为弟"，就是说做弟弟的要敬重兄长，服从兄长。朱熹讲"父为子纲"的目的，是基于家庭是构成国家的最基本的细胞，"人能孝弟，则其心和顺，少好犯上，必不好作乱也"（《论语集注》卷一）。

1　姚进生：《朱熹道德教育思想论稿》，厦门大学出版社 2013 年版，第 84 页。

　　夫为妻纲是"三纲"的重要内容，其道德规范是节，要求妇女守贞节。朱熹认为，做妻子的要服从丈夫，从一而终，不受第三者引诱，遵守"节"的道德要求。朱熹说："盖闻人之大伦，夫妇居一，三纲之首，理不可废。是以先王之世，男各有分，女各有归，有媒有娉，以相配偶。是以男正乎外，女正乎内，身修家齐，风俗严整，嗣续分明，人心和平，百物顺治。"（《朱文公文集·劝女道还俗榜》）只有夫妻双方各守其分，各司其职，互敬互爱，家庭生活方能幸福和睦，和顺安康。

　　总之，朱熹倡导的三纲以及与之相适应的"忠""孝""节"等伦理道德关系，是封建宗法社会最基本的伦理道德规范。他把"父子之亲，君臣之义，夫妇之别"作为社会一切人伦关系的核心，并将其纳入"天理"的轨道并予以哲学形而上的论证，其目的就是说明"纲常千万年，磨灭不得"，以维护宗法社会的等级制度的秩序与关系。

　　朱熹不仅宣扬三纲，而且倡导五常，即仁、义、礼、智、信五德，把它作为处理人与人之间关系的准则，以及提高修养的原则和方法。关于仁，他说，"这个仁，是爱的意思"（《朱子语类》卷二十），"仁者，爱之理，心之德也"（《论语集注·学而第一》），仁是讲爱的道理的。"仁者，爱也。"（《朱子语类》卷二七）爱表现在三纲的君臣、父子、夫妻之间，就是"亲亲"为基础的宗法等级关系。又说："仁则为慈爱之类；义则为刚断之类；礼则为谦逊；智则为明辨；信便是真个有仁义礼智，不是假，谓之信。"（《朱子语类》卷二十）朱熹认为，仁为五常之首，是心之根本体现。以仁为体，识别什么是仁，什么不是仁，便是智；认知了仁，按仁的标准要求去做，而很合宜，即是义；在按仁的伦理去做的时候，所遵循的各种合乎仁的准则的仪式礼节，就是礼；知道仁义礼智是真的，而不假，自觉践行之，就是信。与仁义礼智信相对应的道德规范，分别是慈爱、刚断、谦逊、明辨和真实。与此相应，朱熹在继承孟子思想的基础上把封建社会的人伦关系归纳为五伦，即父子、君臣、夫妇、长幼、朋友。与之相应的亲、义、别、序、信是五伦之理。他说："父子有亲，君臣有义，夫妇有别，长幼有序，朋友有信，此人之大伦也。"（《四书章句集注》卷二六）这五者之理，出于人心之本然，是本来就有的，而非后来所强加的。五伦为人所共有，任何人都不可逃，就是"九蛮八夷"也逃不出。"如父慈子孝，虽九夷八蛮，也出这道理不得。"（《朱子语类》卷十六）这就赋予五伦以普遍性的意义 [1]。

3. 明人伦

朱熹热衷于教育事业，积极从事讲学活动约五十年。光宗绍熙五年（1194），朱熹任潭州荆湖南路安抚使。他虽任职仅两个月，却热心于改善州、县学，并参照修复白鹿洞书院的经验复置了岳麓书院。朱熹以《白鹿洞书院揭示》来训导岳麓书院的学生，有时还

1　唐凯麟，邓名瑛：《中国伦理学名著提要》，湖南师范大学出版社 2001 年版，第 307 页。

亲自到书院督课、执教，与学生讲论。经朱熹修建后，岳麓书院增广学舍至百余间，田五十顷，学生曾达千人之众。朱熹非常重视道德教育，将之放在教育学生的首位。他的德育思想极其丰富，提出德育目标是"明人伦"，并归纳总结出一套完整的德育方法。

朱熹认为，教育的根本目的就是"遵先王之意"，使学生"明义反本"。所谓"遵先王之意"就是设学教民，使其明心修身，进而及于"五伦"之间，使义理修明，风俗醇厚，改变不良的社会风气。他说，先王设学校教民，通过启发引导、劝勉，使其明心修身，行于父子、兄弟、夫妇之间，而推之君臣、人民。"古之君子以是行之其身，而推之以教其子弟，莫不由此。此其风俗所以淳厚，而德业所以崇高也。"（《朱文公文集》卷七十四）因此，教育旨在培养德性，而德性的主要内容是"明人伦"。他认为，由于人们一日不能离开父子、君臣、夫妇、长幼、朋友此五者之关系，也不能一日离开"亲""义""别""序""信"此五者之理；因此，他把"父子有亲，君臣有义、夫妇有别，长幼有序，朋友有信"此五者圣王教民之目，作为白鹿洞书院学规揭示出来。后又作为湖南岳麓书院的书院教条。他说："臣闻昔者帝舜以百姓不亲，五品不逊，而使契为司徒之官，教以人伦，父子有亲，君臣有义，夫妇有别，长幼有序，朋友有信。"（《朱文公文集》卷十四）朱熹把此"五伦"，概括为"五教"。他说："五教谓父子有亲，君臣有义，夫妇有别，长幼有序，朋友有信。"（《仪礼经传通解》卷九）通过"五教"明"五伦"，即明封建道德伦理规范和宗法等级制度，这也就是朱熹道德教育的根本目的，而且不论是乡学还是国学，都要以此为教学目的。"父子有亲，君臣有义，夫妇有别，长幼有序，朋友有信，此人之大伦也。庠、序、学、校，皆以明此而已。"（《孟子集注》卷五）这样，"明人伦"就成了各类学校的共同教育目的。

为了实现"明人伦"这一德育目标，朱熹提出了立志、涵养、居敬、省察等道德修养方法。朱熹十分重视培养学生树立远大目标，主张学者为学首先要立定志向。他认为，学生若不立志，便"无著力处"，即做人的方向、目标不够明确，不知向何处努力。这样的人只想做达官贵人，难以成为圣人。"学者大要立志，才学便要做圣人是也。"（《朱子语类》卷八）立志既是读书和修身的重要条件，也是做人的根本。他说，读书和修身确立了远大的志向，下定决心，真心诚意地去做，才能有所得。因此，立志后还要坚持不已，如此才会大有进步。朱熹认为，当志向确立后，学者还须不断地策励自己，勇猛奋发，竭尽全力，果断实施。为此，朱熹提醒学者要忌自暴自弃，他说："今之学者大概有二病：一以为古圣贤亦只此是了，故不肯做工夫；一则自谓做圣贤事不得，不肯做工夫。"（《朱子语类》卷一百十七）不屑做圣贤者与不肯做圣贤者都是立不得大志的人，也就很难在事业上有所成就。

涵养是儒家提倡的一种道德修养方法，是个人面向内心的道德修养和自我道德冶炼。朱熹认为，人们要形成良好的道德品质，需要在通过格物致知了解道德伦常知识的基础上，下涵养的功夫，存养本心，对内心性情进行一番冶炼。他说："涵养、穷索，二者不可废一，如车两轮，如鸟两翼。"（《朱子语类》卷九）涵养与致知两者不可偏废，相辅相成，相互促进。涵养的内容包括正心、诚意、修身，其最高境界为慎独。"涵养"功夫的实质，就是"只要人不失其本心"（《朱子语类》卷十二），即保存人先天所固有的至善本心，而不让其被物欲所遮蔽，从而产生应有的道德观念。在朱熹看来，齐家治国平天下的抱负和理想，必须建立在严格的道德修养上；格物致知，学以致用，必须经过"涵养"这一冶炼过程。单纯的读书穷理，无以成仁义礼智，须涵养与进学并行，交相并进，才能使自己中正和乐，言行合乎理止于情，达于君子风仪。

朱熹认为，涵养的最高境界就是"持敬守一"。在朱熹看来，"敬"是一种不可缺少的道德修养的主观态度和情绪。致知进学须在涵养之功，而性情之涵养，关键在于敬上。朱熹讲的敬主要有两层意思：其一，敬是一种严肃不放纵的道德态度和自我支配能力。他说："整齐收敛这身心，不敢放纵，便是敬。"（《朱子语类》卷一百二十）"不放纵"，就是收敛身心，保持严肃谨守礼义的态度，时时处处，都要做到非礼勿视，非礼勿听，非礼勿言，非礼勿动。"无事时敬在里面，有事时敬在事上。有事无事，吾之敬未尝间断也。"（《朱子语类》卷十二）其二，敬是一种小心谨慎的敬畏态度。他说："尝谓敬字似甚字，恰似个畏字相似。"（《朱子语类》卷一百二十）"敬只是一个畏字。"（《朱子语类》卷十二）敬畏是人通晓天地宇宙真谛的基础上的心灵约束，是使人提高向善的主观努力。人有敬畏之心，意识到天理之于内心良知的本体性存在，虔敬与信仰感油然而生，警戒感和职责感加强，提示自己时时处处克制私欲，以免导向沉沦和堕落。朱熹认为，要做到居敬的功夫，需要做到"内无妄思，外无妄动"。"内无妄思"，就是要求精神专一，小心畏谨，不要分散精力，无闲思杂念；"外无妄动"就是在外表的要求上应整齐严肃，抬手投足必谦恭，行为举止合环境，小心谨慎守规矩，恭敬虔诚处人事，不可轻视与傲慢。可见，居敬是一种伴随主体生命的主观心理体验和道德修养功夫，必须时时记在心上，常敬常存。

朱熹认为，一个人需对自己的思想和言行时时省察。所谓"省察"的功夫，就是要求学生对人欲之私意在"将发之际"和"已发之后"进行反省和检察。他说："谓省察于将发之际者，谓谨之于念虑之始萌也。谓省察于已发之后者，谓审之于言动已见之后也。念虑之萌，固不可以不谨；言行之著，亦安得而不察。"（《性理精义·省察》）之所以要下"省察"的功夫，在于人心须时时加以提醒，否则便会亡失而为恶。朱熹认为："凡人之心，不存则亡，而无不存不亡之时。故一息之顷，不加提省之力，则沦于亡而不自觉。天下之事，不是则非，而无不是不非之处；故一事之微，不加精察之功，则陷于恶而不自知。"（《朱子语类》卷一百十七）因此，对于处于"将发之际"和"已发之后"的人的私欲，要痛加省察，把违反天理的言行压抑掉，更要克制抑止那些处于萌芽状态的私欲。朱熹曾以镜子为比喻来解释"省察"的目的。他说，人的思想意识如果被"私欲"所蒙蔽，就如明亮的镜子上积满了尘垢，而成"暗镜"；只有经常把尘垢拂拭掉，镜子才能恢复明亮；"省察"功夫就等于是拂拭尘垢。

4. 德之实践

朱熹强调，德之实践的重要性，体现于其知行合一和格物致知的思想之中。在朱熹的知行观中，"知"是指对客观事物的认识，尤其是指人们对道德知识的认识；而"行"主要是指人们依据道德认识所进行的道德实践。朱熹对"知"与"行"的关系进行了深入讨论。他说："致知力行，论其先后，固当以致知为先。然论其轻重，则当以力行为重。"（《朱文公文集》卷五十）朱熹在此表达了两层意思，一是对于先后关系，朱熹认为知在先，行在后，即要进行道德实践，首先必须获得道德知识。二是对于轻重关系，朱熹认为行为重，知为轻。虽然道德知识是道德实践的前提，但是朱熹并不认为道德知识更重要，因为对忠孝仁义等道德规范的认知，目的就是为了实践。当然，虽然知与行有先后、轻重之分，但二者是密切联系的一个整体。因此，知与行相结合是朱熹道德知行观的总原则。

"格物致知"是中国古代儒家思想中的一个重要概念，其最早出自《礼记·大学》："古之欲明明德于天下者，先治其国；欲治其国者，先齐其家；欲齐其家者，先修其身；欲修其身者，先正其心；欲正其心者，先诚其意；欲诚其意者，先致其知，致知在格物。物格而后知至，知至而后意诚，意诚而后心正，心正而后身修，身修而后家齐，家齐而后国治，国治而后天下平。"这里的"格物致知"与诚意、正心、修身等道德修养方法有关。格物致知的目的，是使人能达到诚意、正心、修身，从而达到齐家、治国、平天下的目的。朱熹在此基础上，阐发了"格物致知"中蕴含的道德修养和道德实践的内容。

朱熹把"格物致知"分为两个层次。第一层次为"格物"，朱熹一则训"格"为"至"，不管既至与未至，都要穷极其理，这是"格"一方面的意思。二则训"格"为"尽"，"要见尽十分方是格物，既见尽十分便是知止"（《朱子语类》卷十五）。以"格"为"尽"，则"格物"就是"知尽"，而"知尽"便是"理穷"。因而，"格物"一向与"穷理"并称。"物"包括一切自然和社会现象，也包括一切心理现象和道德行为规范。朱熹认为："格物，是穷得这事当如此，那事当如彼。如为人君，便当止于仁；为人臣，便当止于敬。又更上一著，便要穷究得为人君，如何要止于仁；为人臣，如何要止于敬，乃是。"（《朱子语类》卷十五）人们须要穷格得尽，就是做到为人君要仁，为人臣要敬，事父母当尽孝，对兄弟当尽悌，处朋友当尽信。若有一丝未尽，就是穷格不到极至。在朱熹看来，格物的根本目的，不是去体认客体自然之物，而是穷理，即穷尽"天理"；而"人伦纲常"就是天理的具体体现；因而，格物就是体认伦理道德规范。故朱熹把伦理道德的修养作为格物的根本。

第二个层次是"致知"。"致"是推致的意思，"知"是知识和认知。"致知"就是推致我心固有的知识，而达到全知。致知不是一定要知道天下所有的事情，"格物非欲尽穷天下之物，但于一事上穷尽，其他可以类推"（《晦庵先生朱文公文集》卷十五），而是从自身已知之理推去，对类似事件做出判断。譬如，事亲要孝，孝道有两层意思：父母在时要尽孝道，不在时也要尽孝。以此推于事君、事长，莫不皆然。

总之，朱熹的知行观和格物致知思想主要是围绕道德认知与道德实践展开论述的，目的是使人们在道德认知的基础上更好地进行道德实践。

四、发明本心

陆九渊（1139—1193），字子静，号存斋，抚州金溪（今属江西）人。南宋著名的哲学家、教育家，心学派的创始人。因曾居江西贵溪象山讲学，又号象山翁，学者称象山先生。其心学被明代的王守仁所发挥，世称陆王心学。陆九渊主张不立文字，反对著述立说，故只有少量诗文传世，后人辑成《象山先生全集》。陆九渊的思想承袭孟子思想颇多，自称其学是"因读《孟子》而自得之于心也"[1]。除了继承孟子思想外，他还借鉴程颢、张载等

1　陆九渊著，钟哲点校：《陆九渊集》，中华书局1980年版，第471页。

人的思想及佛教禅学，开创了与程、朱"道学"相对立的"心学"，在南宋中期可谓异军突起、独树一帜。他还和程朱理学派一起，将先秦儒学发展到更加精致的新阶段。陆九渊的德思想建立在"心皆具是理"这个命题之上，把"心"当作德之根源，提出"发明本心"的道德修养方法，主张提高个人的道德修养的途径是"存心""养心""求放心"。

1. 心皆具是理

据陆九渊《年谱》记载，他从小就喜欢思考哲理，注意道德修养，四岁时就向他父亲提出了"天地何所穷际"的问题，"静重如成人""以其端庄雍容异常儿"。七岁时"得乡誉"，"庄敬自持，心不爱戏"。九岁时"属文能自达"。十三岁读书读到"四方上下曰宇，往来古今曰宙"时，忽然醒悟："宇宙内事，乃己分内事；己分内事，乃宇宙内事。"并信手写下"宇宙便是吾心，吾心即是宇宙"[1]。与程朱等理学家一样，陆九渊也认为"理"是宇宙的本体。如其所言："此理乃宇宙所固有。"[2]"此理在宇宙间，固不以人之明不明、行不行而加损。"[3]陆九渊承认作为万事万物之本原的宇宙之理具有客观性，而且这种理不受制于人的思想和行为。同时，陆九渊又强调，"理"具有普遍性，无所不包，涵盖了天地之间的万物，万事万物只是"理"的一种外在表现而已。但与程朱的不同

1　陆九渊著，钟哲点校：《陆九渊集》，第 483 页。

2　陆九渊著，钟哲点校：《陆九渊集》，第 11 页。

3　陆九渊著，钟哲点校：《陆九渊集》，第 9 页。

处在于，陆九渊更突出地强调了"理"的主观内在性——"心"。王守仁在为《象山先生全集》作的序中说："圣人之学，心学也。"陆九渊心学的一个中心命题，就是"心即理"。他说："人皆有是心，心皆具是理，心即理也。"[1]将人人皆有之"心"与作为宇宙本体的"理"合二为一，把"心"也视为宇宙万物之本体。"盖心，一心也；理，一理也。至当归一，精义无二，此心此理，实不容有二。"[2]他还发挥了孟子的"万物皆备于我"的观点，提出："此心此理，我固有之，所谓'万物皆备于我'，昔之圣贤先得我心之所固然者耳。"[3]"心"与"理"一样，都是人所固有的，而不是外物赋予的，从而论证了"心"的至上性和绝对性。总之，陆九渊认为，整个天地宇宙间充满了道或理，天地之所以为天地，便是顺此理而无私，万物不能有一样出此理之外。理在人身上的体现即为心，故理即心，本心既复，与理不隔，故心即理[4]。

需要指出的是，"心即理"的"心"不是指一般的心，而是指孟子提出的人先天具有的至善本心，也即天地之心。陆九渊认为，这种至善本心具有普遍性和客观性，无论圣人还是普通人都有此心，此心也是一切伦理道德规范的根源。"仁义礼智"四德都源于此心，是本心在人身上的具体表现。本心为人类所固有，非由外

1　陆九渊著，钟哲点校：《陆九渊集》，第 149 页。

2　陆九渊著，钟哲点校：《陆九渊集》，第 4 页。

3　陆九渊著，钟哲点校：《陆九渊集》，第 13 页。

4　王寿南主编：《中国历代思想家：宋明》，九州出版社 2011 年版，第 442 页。

铄，故"仁义礼智"四端亦是人类天生就具有的。陆九渊认为，小人与君子的区别是，小人失其本心，君子存其本心（赤子之心）。因此，人只要不失其本心，不背离本性，就有良心善性，会成为正人君子。即使人有时会丧失本心，背离本性，但只要"思而复之"，改过迁善，也会成为正人君子。"积善者，积此（本心）者也；集义者，集此者也；知德者，知此者也；进德者，进此者也。"[1]积善、集义、知德、进德，根本上是为了增进、恢复人的本心。可见，在陆九渊看来，所谓"本心"乃"天之所以与我"的一种先验的道德理性或价值自觉能力；换言之，也就是伦理道德上的良心，它是道德原则的根源，而其中所涵之理与宇宙之理是同一的。

"心即理"，因而陆九渊也将"理"视为伦理道德之本。他说："仁即此心也，此理也。……爱其亲者，此理也；敬其兄者，此理也；见孺子将入井，而有怵惕恻隐之心者，此理也；可羞之事则羞之，可恶之事则恶之者，此理也；是知其为是，非知其为非，此理也；宜辞而辞，宜逊而逊者，此理也；敬，此理也；义，亦此理也；内，此理也；外，亦此理也。"[2]可见，仁爱之心、恻隐之心、羞恶之心、是非之心、辞让之心皆源于"理"，是"理"的外在的表现。因此人只要守住"此心此理"，就自然识德从而自觉遵守仁、义、礼、智等道德准则。

---

1 李敖主编：《陆九渊集·陈亮集·刘伯温集》，天津古籍出版社 2016 年版，第 11 页。
2 李敖主编：《陆九渊集·陈亮集·刘伯温集》，第 15 页。

2. 发明本心

"心即理"，认识"心"就是认识"理"，因此人们不需要向"外"寻求，而只要向"内"反省，认识心中本有之理。这就是陆九渊的"发明本心"的认识方法。"本心"是宇宙特性在人身上的体现，因而为人所固有。陆九渊的弟子毛刚伯曾说道："先生之讲学也，先欲复本心以为主宰，既得其本心，从此涵养，使日充月明。读书考古，不过欲明此理，尽此心耳。"[1] 可见，陆九渊的学说之根本在"发明本心"，使人固守本心，涵养德性，以此提升道德境界。为了提升弟子的道德境界，陆九渊也时常提醒其弟子要"弃去谬习，复其本心"[2]。他认为，圣人与普通人的区别，就在于圣人可以发明本心，倾听内在心灵的召唤，按照本心的指引修养身心，从而具有良好的道德品质。因此，人们要提高道德修养，首先要能够发明本心，遵从内在心灵的召唤。陆九渊指出，"发明本心"是道德修养的"易简功夫"。所谓"易简功夫"，就是遇事寻求本心，从内心去寻找解决办法而不要过多地借助外力，寻求外界帮助。他说："必求外铄，则是自湮其源，自伐其根也。"[3] 道德修养是为了加强对"本心"的体认，如果放弃了对"本心"的体认而只是一味向外求知求理，那么就会迷失人生的方向。

陆九渊认为，"发明本心"以涵养德性的方法有存心、养心、

1　陆九渊著，钟哲点校：《陆九渊集》，第 502 页。

2　陆九渊著，钟哲点校：《陆九渊集》，第 6 页。

3　陆九渊著，钟哲点校：《陆九渊集》，第 159 页。

求放心、改过迁善等。"存心"，即要保存人所固有的至善本心。只要保持、遵从本真善良的心，不必外求，自能做到"汝耳自聪，目自明，事父自能孝，事兄自能弟"[1]。"存心"就要"去欲"，解除心蔽，方法就是"剥落"，"剥落"的功夫一是扫除物欲，一是去掉邪念。人心本无欠缺，不过有时难免染上尘埃，所以要剥落、洗涤，使之恢复清明。"存心去欲"的关键在于"养心"，"养"即涵养、呵护。养心就是保养固有的良知，像灌溉一样，使之畅茂条达。用高尚的道德境界和追求涵养内心，以防止欲望对心的侵蚀，从而达到重义轻利，清心寡欲，用以呵护、滋养本心。"求放心"，是指寻求丢失的本心。陆九渊继承了孟子的"学问之道无他，求其放心而已矣"[2]的观点，意识到许多人由于受外界不良环境的影响丢失了本心，因此需要通过读书明理来寻求，此乃"为学之门，进德之地"。"改过迁善"是指对于自身的缺点和不善的地方要自我改善和修正。他指出，虽然人性本善，但不可避免会受外界影响而犯错，因此要求人们切己自反、改过迁善。只有反思自律、知错就改才能更好地"发明本心"。总之，本心是一切道德规范的根源，要提高道德修养、培养良好的道德品质，就要"发明本心"，做到存心、养心、求放心。

3.尊德性

"尊德性"是道德教化的基础。不同于朱熹所倡导的"道问

1　陆九渊著，钟哲点校：《陆九渊集》，第502页。

2　杨伯峻：《孟子译注》，中华书局1960年版，第267页。

学",陆九渊极力推崇"尊德性",这也是理学与心学分歧的标志之一。宋淳熙二年(1175),吕祖谦为了调和朱熹"理学"和陆九渊"心学"之间的理论分歧,使两人的哲学观点"会归于一",于是出面邀请陆九龄、陆九渊兄弟前来与朱熹见面。六月初,陆氏兄弟应邀来到鹅湖寺,双方主要就"为学之方"即治学和修养方法等问题展开了激烈的辩论,史称"鹅湖之会"。朱熹强调"道问学",主张"格物致知""读书穷理",认为应当泛观博览而后归之约,观察外界事物以启发内心的道德良知。朱熹讥陆九渊为禅学,过于简易,不够实在。陆九渊主张,真正的学问要先"尊德性",即先发明确立本心,在灵魂深处朗照出那个先验的道德良心,而后使之博览。

陆九渊认为,德性是做学问的基础,一个人只有具有良好的道德品质,才能在做学问时有明确的目标和方向,"既不知尊德性,焉有所谓道问学"[1]。陆九渊虽然强调"尊德性",但这并不意味着他反对读书。他反对的是朱熹那种知识式的读书,把读书停留在文义和传注上,而失却读书的目的是为了明理。"读书不必穷索,平易读之,识其可识者,久将自明,毋耻不知。"[2]读书的目的是明理成人,如果脱离了此目的,就不如不读书,正如孟子所言"尽信书不如无书"。陆九渊认为,要"尊德性",需"先立乎其大"。"大"即"本心",它既是"德性"的本原,也是一切事物的

---

1 陆九渊著,钟哲点校:《陆九渊集》,第 494 页。

2 陆九渊著,钟哲点校:《陆九渊集》,第 273 页。

本原。只有发明立足于至善本心，才能自觉培养自身良好的道德品质，才会给自己的人生确立一个正确的方向，明确人生的价值和意义。此外，陆九渊还提出了"尊德性"的方法。

其一，"辨志"和"立志"。陆九渊继承了孟子的"人性本善"思想，认为人性生来就是善良的，但又承认人性也会不可避免地受到外界环境的不良影响而被扭曲，因此对人进行道德教化显得尤为关键。他认为，圣人只需通过自我努力即可达到尽善尽美，而普通人则应该通过道德教化，提高"辨志"和"立志"能力，以提升自我的道德修养。"志"，即志向、意志，有好坏之分。提高人们辨别志向好坏的能力，对提升人们的道德修养来说尤为重要。陆九渊在白鹿洞书院讲习时，讲到孔子的"君子喻于义，小人喻于利"这句话时说，每个人的思想决定于其日常所习，人之所习又决定于他的志向。一个人的志向在于"义"，其所喻所行就在于"义"，反之则在于"利"。因而，要做一个君子，首先就必须不断地检查自己的"志"是趋于"义"还是趋于"利"。"辨志"的目的是为更好地"立志"。陆九渊主张，人只有明辨志向，分清楚优志劣志后，才能确立一个正确的志向。"学者须先立志"[1]，"人惟患无志，有志无有不成者"[2]，做人就要先有明确的志向，然后再去做学问，只有这样才有成功的可能。

其二，"优游读书"和"亲师友"。陆九渊很重视读书学习，

1 陆九渊著，钟哲点校：《陆九渊集》，第 401 页。
2 陆九渊著，钟哲点校：《陆九渊集》，第 273 页。

认为人不可以不读书，就像鱼儿不可以无水。与朱熹主张的读书方法不同，陆九渊主张读书要平平缓缓地细心涵泳，读不懂的地方，不妨暂时先放过去，等到上下文都读过之后，或者日后重新阅读时，慢慢地就会领悟了。读书平心静气，慢慢地品味，每当有一点新的体会时，必然会感到兴味无穷，其乐融融，这也是他"优游读书"的真正意义所在。同时，陆九渊还认为，读书只追求速度而不讲求效率是万万不可取的，"学固不欲速，欲速固学者大患"[1]，如果只追求速度，而忽略了其中包含的道理，则不会学到真正的知识。陆九渊强调的另一个道德教化的方法是"亲师友"。顾名思义，"亲师友"就是在学习过程中要找到好的老师、好的朋友，并且要跟他们亲近，培养良好的关系，这对于我们自身的学习有很大帮助。他认为，在读书学习过程中找到良师益友并与之相近是人们获得知识、提升自身道德修养的捷径。"亲师友"的方法就是择善而从之，"学者须先立志，志既立，却要遇明师"[2]，亲师就要亲明师，通过明师帮助自己剥落、恢复本心，亲友亦是如此。

4. 重义轻利

鹅湖之会五年之后，陆九渊带领了几个学生去拜访朱熹，当时朱熹在南康做知州，主办了驰名全国的"白鹿洞书院"。当陆九渊到南康时，朱熹亲率同僚、诸生迎接。在此期间，他对陆九渊表示了爱慕之情，并为其兄九龄撰写了墓志铭，还特请陆九渊为

1　陆九渊著，钟哲点校：《陆九渊集》，第53页。

2　陆九渊著，钟哲点校：《陆九渊集》，第401页。

书院师生讲学。陆九渊以《论语》中的"君子喻于义，小人喻于利"为题，对"义利"问题做了精彩发挥，听者无不为之所动，这次讲学给白鹿洞书院的师生留下了良好的印象。朱熹在听完之后对陆九渊给予了很高的评价，认为陆九渊讲得明白、贴切、深入，能使人在道德修养中不至于迷失方向。当时，朱熹又请陆九渊将此次讲学之讲词书写成文，作为白鹿洞书院的一份讲义。之后，又把陆九渊的讲稿刻石，并且做了一个跋。

陆九渊继承了儒家"重义轻利"这一优良传统，主张为学之要，当先识辨义利公私之别；为学之本，当是识得为人之道。故学者为学应是在识辨义利公私之别的基础上，学习为人之道，不是为别的。"凡欲为学，当先识义利公私之辨。今所学果为何事？人生天地间，为人自当尽人道。学者所以为学，学为人而已，非有为也。"[1] 在陆九渊看来，世人大多从私欲、私利出发想问题、做事情，利欲熏心，难以处理好义利之间的关系，因而常常在做人方面出问题；所以，通过学习，从而处理好义利公私的关系，是为人之道的根本。陆九渊认为，"义"就是道义、正义，是至善本心的体现，是人所固有的；因而人喻于义是应该的，也是可以的。"利"与"义"相对，是指人的"私利""私欲"。如果人的志向、日常所习不在义，而在于私利和私欲，义就会被物所遮蔽，使人丧失义。因此，个人私欲与道义，两者势不两立。人不是以道义为志向，就

1　陆九渊著，钟哲点校：《陆九渊集》，第 435 页。

是以私利欲望为志向，全看人的选择。因此，义利发生冲突时，一个人只有用道义战胜私欲，才能自立为人。陆九渊认为，义理是很广大的，如果义理能够得到复归，就没有私欲的安身之处。

陆九渊重视义的同时并没有忽视利，因为他认为利可以分为多种，有一己私利，也有百姓大利，不能单纯地将利归结于个人私利、私欲。陆九渊指出，若人为私欲或为私利而不择手段，那必应受到谴责；但若是为百姓谋大利，牺牲个人利益去谋求集体利益，那么这种"利"则是应该被推崇的，因为此时的"利"和"义"就具有一致性。同样，陆九渊也将这种"义利之辨"看作区分君子和小人的方法。"且如其人，大概论之，在于为国、为民、为道义，此则君子人矣。大概论之，在于为私己、为权势，而非忠于国、徇于义者，则是小人矣。"[1]陆九渊主张，从大处来辨别一个人是君子还是小人。所谓大处也就是思想动机上的义和利。为国、为民、为道义都是义，为自己、为私利、为权势、不忠于国、不殉于义都是利。陆九渊认为，抓住了思想动机上的义和利，也就抓住了辨别君子、小人的大纲，否则就会像铢称寸量一样，得一二节目而违背大纲，反使小人得逞，君子被猜疑[2]。

5. 圣人之德

中国人对圣人情有独钟，仰慕不已，而儒家尤甚。在孔子看来，圣人就是具有最高层次人格理想的人，他们有一般人很难达

1　陆九渊著，钟哲点校：《陆九渊集》，第495页。

2　李书有主编：《儒学源流》，中国青年出版社2000年版，第312页。

到的境界，"圣人，吾不得而见之矣；得见君子者，斯可矣"[1]。孟子认为，"圣人，人伦之至也"，"圣人，百世之师也"[2]，圣人的道德修养到达极致，具有高风亮节的品质，是人们心目中的偶像，可为百代之师表。陆九渊心目中的"圣人"就是他所向往的理想人格，是一种无所不能、无所不知的人，具有超然物外、豪情万丈、顶天立地的潇洒气质[3]。同时，陆九渊又承认，圣人并不是高不可攀、高高在上的人物，也不是只有少数人才能达到的境界，而是人人皆可以达到的境界。在继承孟子"人性本善"的观点基础上，他认为人生来就是善良的，都具有良好的道德品质。因此，他认为要想成为圣人很简单，只要通过身心修养，不断地发明本心，去除私欲和邪念对心的遮蔽，使心纯乎天理，纯洁而明亮，那么就可成为圣贤之人。"圣人之所以为圣，只是其心纯乎天理，而无人欲之杂。"[4]陆九渊所认为的人人皆可以成为圣人，是说人人都有成为圣贤之人的潜质；而要真的达到圣人境界仍需要人们发挥自身的主观能动性，不断地努力，加强修心养性。他曾说道："收拾精神，自作主宰，万物皆备于我，有何欠阙。"[5]万物皆备于我心，只要发明本心，发挥主观能动性，明确自己做人的目标和方向，加强道德修养，那么成为圣人就指日可待了。

1　杨伯峻：《论语译注》，中华书局 1980 年版，第 73 页。
2　杨伯峻：《孟子译注》，第 165 页，329 页。
3　彭艳梅：《陆九渊道德思想的研究》，东南大学硕士学位论文，2006 年，第 25 页。
4　王阳明撰：《王阳明全集·传习录》，上海古籍出版社 1992 年版，第 24 页。
5　陆九渊著，钟哲点校：《陆九渊集》，第 455 页。

五、致良知

王阳明（1472—1529），名守仁，字伯安，浙江余姚人。明代影响最大的思想家、教育家，"心学"一派的代表人物。因为他曾隐居会稽（今绍兴）阳明洞，又创办过阳明书院，所以世称阳明先生。王阳明青年时期热心骑射，泛滥辞章，出入释老。二十八岁时举进士，授刑部主事，后改兵部。三十四岁时，因得罪宦官刘瑾，被贬偏远的贵州龙场驿。刘瑾死后，王阳明复出，任庐陵县知事，后历任吏部主事、员外郎、郎中，南京太仆寺少卿，鸿胪寺卿，兵部尚书等职。晚年，王阳明奉命兼都察院左都御史提督两广等地，平息广西地方少数民族暴动，病归途中，死于江西南安。王阳明学术思想的形成，经历了一个由"出入释老"而"归本孔孟"的思想历程。他最初是"泛滥于辞章"，接着是"遍读考亭之书"，继而又是"出入佛老者久之"，直至正德三年被贬至贵州龙场驿，才真正形成自己的心学思想体系，历史上称之为"龙场悟道"。此后，他的心学思想日益成熟，相继提出了"心即是理""致良知""知行合一"等思想，逐步形成了系统的心学思想体系，走上了一条不同于程朱理学的心学道路。

1. 心即理

王阳明继承发展了陆九渊"心即理"的思想。在他看来，"心即理"是自然的道理，心与理同一的根源就在于心本身就来自理。

"心也者，吾所得于天之理也，无间于天人，无分于古今。"（《王阳明全集·答徐成之二》）这就是说，理由天赋于人而转化为心，理的内容和性质决定了心的内容和性质，心也包含了理的全部内容和性质。心与理一样，为宇宙本体，是天地万物之本原。从根本上说，理是指天理，即产生宇宙万物的本原，是宇宙的根本特性及宇宙产生发展的根本规律。心是指天心、本心，即宇宙至善特性在宇宙万物中的凝结和体现，于物为性（物理或事理），于人为心。作为本体，心包含了宇宙万物（心外无物）及其根本特性、根本规律（心外无理）；作为主体，心具有主观能动性，有自我认识的能力，也即具有能够认识心内之物、心内之理的潜能。王阳明认为，天下没有心外之物。可是明明是外界之物，又是怎么来到心中的呢？据记载，王阳明有一次与朋友游山时，那位朋友手指山间的花木问道："你说天下没有心外之物，请问这些花在深山里自开自落，与我们的心体究竟有什么关系呢？"王阳明胸有成竹地回答说："当你还没看见这些花时，它跟你的心体同样归于寂静；但你一旦看到了这些花，它的形体、颜色便在你心中一下子清晰地呈现出来。可见，这些花何尝在你的心以外呢？"王阳明的意思是说，从本质上看，心与万物具有同源性、同质性；心为宇宙万物的本质和特性的根源，宇宙万物都可在心中找到根据。能否意识到这些，与人心的善恶程度及主观认识能力有密切关系。

既然"心外无理"，孝忠仁爱等德性之"理"必然归于心。王阳明认为，有孝亲之心，方有孝之理；无孝亲之心，即无孝之理。

有忠君之心，方有忠之理；无忠君之心，即无忠之理。他说："理也者，心之条理也。是理也，发之于亲则为孝，发之于君则为忠，发之于朋友则为信，千变万化至不可穷竭，而莫非发于吾之一心。"（《王文成公全书·书诸阳伯卷》）整个世界所体现的道德规范、人伦秩序均来自人之"心"。在王阳明看来，作为宇宙万物之本原的心是至善的；至善的心在万物（包括人）中的凝结和体现即为本心（本性）、良心，也即人的良好德性和德行。因此，心是人类一切德性和德行之本原。王阳明的爱徒兼妹夫徐爱曾对"心即理"学说产生疑问。有一天，徐爱问道："只在心中寻求至善，恐怕不能穷尽世间所有的事理吧？"王阳明说："心就是天理！天下难道还有心外之事、心外之理吗？"徐爱接着问："就像侍奉父亲的孝心、辅佐君王的忠心、结交朋友的诚心、治理百姓的仁心，这其中都有很多的道理，恐怕也不能不去体察吧。"王阳明听后慨叹道："这种说法蒙蔽世人很久了，现在我就来谈一下这个问题吧。就像侍奉父亲，不是从父亲身上求得孝的道理；辅佐君王，不是从君王身上求得忠的道理；结交朋友，不是从朋友身上求得信的道理；治理百姓，不是从百姓身上求得仁的道理。这些道理都在人的心中，人心就是天理。没有被私欲蒙蔽的心，就是天理。此心不需要从外面增添一分。将这种纯粹天理的心，用在侍奉父亲上就自然表现为孝，用在辅佐君王上就自然表现为忠，用在交友上就自然表现为信，用在治民上就自然表现为仁。因此，要具备一些德性，只要在自己的心中下功夫，摒除私心、存养天理就行了。"（参见《传习录·徐爱录》）可见，王阳明认为，道德规范并不存在于道德的对象身上，而是来自本体之"心"；"心"是一切道德的本原，忠、孝、仁、信等道德规范均来自人心，"心外无义，心外无善"（《与王纯甫》）。

2. 致良知

王守仁把《大学》的"致知"和孟子的"良知"结合起来，提出了"致良知"学说。他说："吾平生讲学，只是'致良知'三字。"（《王文成全书》卷二十六）良知的观念源自《孟子》。孟子认为，良能良知是与生俱来的，人人皆有的。人不用学习就做到的即为"良能"，不经思虑就知道的即为"良知"。两三岁的孩童没有不知道亲爱他父母的，等到他长大，没有不知道尊敬他兄长的。亲爱父母、尊敬兄长就是人良能良知的表现。可见，"良知"是指人先天就具有的道德意识和道德情感。王阳明继承了孟子的思想，他认为人心天生自然便知的、不需外求的道德情感即为良知，表现为见父母自然知孝，见兄长自然知敬，见小孩子有危险自然知同情。在此基础上，王阳明进一步深化了良知的内涵，提出"致良知"之道。

良知即是天理。王阳明在继承孟子"良知"思想的基础上，对良知的本原及内涵作了本体性发挥，认为吾心之良知，就是天理。王阳明认为"心即理"，"而心之虚灵明觉，即所谓本然之良知也"（《王阳明全集·答顾东桥书》），而良知又为心之本体，故良知即是天理。王阳明认为，圣人只是顺应良知的运动、变化，因为天地万物都在人的良知的运动、变化中，没有什么东西能超然于良知之外，成为良知的障碍。他把孟子的道德良知视为代表世界本原的天理，因而良知便成为人人心中不假外求的道德本体。在王阳明看来，良知是人先天固有的至善之心，是天理的至善特性在人身上的体现；良知人人具有，自圣人以至愚人，无不相同。因此，他强调，良知就是人人所具有的"心之本体"，它先验地存在于人们的心中，人们依良知而行便会产生正确的道德行为，故而无须向外寻求道德行为的来源。

良知是道德本体。在王阳明看来，良知是天理的昭明灵觉在人们心中的显现，也即人心之虚明灵觉，它是至善的道德本体。良知表现为人人天生固有的真诚恻隐之心，以此心侍奉父母便是孝，以此心对待兄长便是敬，以此心辅佐君王便是忠。因此，良知是人们一切善心和善行的根源；良知彰显，人们就可以行孝悌之善；良知被蒙蔽，便有私欲之心、功利之见，恶由此而生。同时，王阳明认为，作为"德之本体"的至善良知，是天理的昭明不昧状态，因而是人内在的道德判断和道德评价的标准，也是人行为的准则。"良知"在道德判断上代表正义、公正和善意。任何人和事的判断的依据都应当根据"良知"，符合"良知"的就是善的、正义的、公正的，不符合"良知"的就是恶的、不公平的、不正义的 [1]。通过它，人们便能很自然地感觉或判断出自己的行为

1 欧阳辉纯：《论王阳明"良知"的伦理内蕴》，《贵州师范大学学报》（社会科学版），2015 年第 1 期。

的善恶是非，从而调整自己的行为以遵从良知，并使它充分发挥自己的机能，以善念支配人的道德行为，此即致良知的功夫。

当弟子陈九川询问如何达到稳当快乐的境界时，王阳明认为根本的方法即为致良知。王阳明说："你的那一点良知，是你自己为人处世的准则。你的意念到的地方，对的就知道是对的，错的就知道是错的，无法隐瞒一点，这就是良知的作用。你只要不欺骗自己的良知，切实按照它的指令去做，善就可以存养，恶就可以除去，是何等地稳当快乐。这就是'格物'的真诀窍，'致知'的实功夫。如果不靠着这些真正的关键，怎么去格物？我也在近年来才体会得这样详细分明，刚开始还怀疑只依靠良知恐怕还不够，仔细体察后，发现没有一点缺陷。"（参见《传习录·陈九川录》）可见，王阳明认为，"致知"的根本是"致良知"，而"致良知"的根本途径是把持住自己的本心，不让良知被私欲、邪念所遮蔽，彰显良知的价值和力量，遵从良知的召唤，从而达到存善去恶的目的。

致良知，需要去除私欲障蔽，充扩良知本体。王阳明说："孩提之童无不知爱其亲，无不知敬其兄，只是这个灵能不为私欲遮隔，充拓得尽，便完完是他本体。"（《传习录·薛侃录》）从这个说法来看，良知有本体，有发用。孩提之爱是良知本体的自然表现，但并不是良知本体的全部。只有从这些发用的良知进一步充扩至极，良知本体才能全体呈露。也就是说，良知本体不能全体呈露，是由于受私欲障蔽的缘故。因而，致良知功夫，需要通过静坐、息思虑等内在的修养和外在的省察克治，以去除私欲障蔽，从而充拓良知到极致。王阳明认为，一般的人往往心猿意马、思绪杂乱，思考的多是物欲和人欲，"故且教之静坐、息思虑"。通过静坐、息思虑，去除占据人心的物欲和人欲这个"心中贼"，即使人排除杂念、不心猿意马，不为外在的欲望、权谋、金钱等所迷惑。只有这样，才能做到"减得一分人欲，便是复得一分天理"（《薛侃录》），得以恢复良知本体。可见，"静坐、息思虑"是道德主体自我反思、自我反省、自我提升的过程，是"致良知"反省内求的道德修养方法。"省察克治"是指在静坐、息思虑的基础上，反省检查以发现和找出自己思想和行为中的不良倾向以及坏的念头、毛病和习惯，然后克服和整治，去掉所发现的那些坏的念头、毛病和习惯。王阳明认为，省察克治的功夫不能间断，好比铲除盗贼，要有一个杜绝的决心。无事时，将好色、贪财、慕名等私欲统统搜寻出来，将病根拔去，使它永不复发，方算痛快。

王阳明不仅在理论上倡导"致良知"，也在实践中自我践行。据记载，王阳明在功成名就后回浙江老家休养。有一天，一位老乡来找王阳明，这位老乡是位年迈的农夫。他说自己无儿无女，身体已不允许自己耕种，所以想把他的一块土地卖给王阳明换点钱养老。王阳明毫不客气地拒绝了，他说土地买卖不合法，另外，他不忍心让一个做了一辈子农夫的人临死时看不到自己的土地。于是，他给了老农几两银子打发走了。王阳明做完这件事后，很为自己的良知又光明了一分而沾沾自喜。几天之后，王阳明和他的弟子们到山间游玩。正在兴头上，忽然他的一个弟子指着眼前一块飘来清新的泥土气息的土地对王阳明说，那就是前几天想售卖给他土地的老农的地。王阳明一看，那块地真是个修身养性的好地方。他不禁懊悔起来，心想当时真应该买下来！可这一念头刚起，王阳明马上就打了个寒战。他问自己，我怎么会这么想呢？我怎么会懊悔呢？为什么懊悔，就是因为我觉得那块地不错，这就是贪欲。我绝对不能有这样的想法，必须立即把它去除。在很长一段时间里，王阳明闭口不语，学生们感到奇怪。直到太阳落山时，王阳明才长吁一口气道："终于把它去除了，真难啊！"这就是王阳明践行"致良知"学说的生动体现。

3. 知行合一

王阳明为了针砭当时一般学者把知与行分裂，知而不行或行得不够笃实的通病，提出"知行合一"的学说。据《阳明年谱》的记载，他在龙场悟道的次年，应贵州提督学政席元山的聘请，主讲于贵阳书院时，开始提出"知行合一"的学说。

知行合一源自良知本体。王阳明说，他提出知行合一，不是自己的杜撰，是因为知行的本体就是合一的。知行的本体是什么呢？王阳明认为是"良知"。"知行二字，亦是就用功上说。若是知行本体，即是良知良能。"（《答陆原静》）从功用上说，知和行是两件事；但就本体上而言，知和行都是同一个本体的发用，这个本体就是良知。良知不仅包括知，而且包括行，是知和行的统一；因而良知本体的发用，必然会表现为完全一致的知和行。王阳明就人对善恶的辨知与好恶举例来说，人心本然的良知，是能辨知善良与邪恶的，同时也是会爱好善良、厌恶邪恶的。对善恶的辨知属于知，对善恶的好恶则属于行。当人心辨知善恶时，就已对善恶有所好恶了；相反，当人对善恶产生好恶时，则辨知善恶的真知，已由内在的意念而表现为外在的具体行为了。当良知这个知与行的本体没有被私欲隔断时，由良知发用出来的知与行是同时发生的，不是先立心去知，再立心去行。因而，知与行是同一个良知本体的发用，又同时发生，故称知行合一，即知与行在本体上是合一的。

知与行彼此包含、相互融通。王阳明认为，知是行的主意，行是知的功夫；知是行的开始，行是知的结果。知只是一个意念，而一个意念的发动就是行。譬如"如好好色，如恶恶臭"，见到"好色"属于知，喜欢"好色"就属于行；闻到恶臭属于知，厌恶恶臭就属于行。当见到美色时，已心有爱好；闻到恶臭时，已心生厌恶了。并非见了美色、闻到恶臭之后，再另外立一个心意去爱好与厌恶。同样，并非知了以后，又立一个心意去行。可见，知与行密不可分，不可须臾分离。故王阳明强调，如果深谙知行之理，若说知，行已在其中了；若说行，知也在其中了。

王阳明认为，对于每一个进行道德修养的人来说，知行是一个功夫，不能分作两件事去做。因为知的功夫，到了真切笃实的地步便是行；行的功夫，到了明觉精察的时候便是知。所以，知与行原来只是一个功夫，它们在本体上是合而为一的。王阳明认为，古人所以既说一个知，又说一个行，只缘于世间有一种人，懵懵懂懂地任意妄行，完全不晓得思考琢磨，因此必须强调"知"，才能使他们行得端正；还有一种人海阔天空漫无边际地思考，根本不愿切实力行，只是无端空想，所以强调一个"行"，他方能知得真切。这是古人为了救弊补偏，不得已而使用的对策。假若明了这一点，一句话就足够了。现今的人却硬要将知与行分开，认为先知然后行，因此便先去讲习讨论，做知的功夫；等知的功夫做好了，再去做行的功夫，这样的做法只会导致永远都不得行。

在王阳明提出"知行合一"说的当时，由于一般学者没有做过存养省察的功夫，对王阳明所指点的知行本体，往往不得要领，所以议论纷纷，而不知从何入手。甚至数年之后，门人徐爱还不得知行合一的要领，与同学再三辩论，仍不能解决心中的疑问，于是便去向王阳明请教。他说："有些人明知侍奉父母应当孝，对待兄长应当敬，但却不能做到孝与敬，可见知与行分明是两件事。"王阳明告诉他说："那是因为被私欲隔断，不再是知行的本体了。天下没有只知而不行的人，如果有知而不行的，只是未曾真知。圣贤教人知行，正是要恢复那本体。"所谓"知行本体"，就是良知本体，在本原性上原是合一的，只因被私欲隔断，所以分而为二，必须由致良知的功夫，恢复它合一的本体。王阳明认为，有些人虽然知道事父母兄长，应当尽到孝悌之心，但却往往做不到，那是他知行的本体被某种私欲所隔断，使他能孝亲敬长的良知受到蒙蔽，而不能"致"此良知于父母兄长，表现为孝悌的行为，那怎么能算是真知孝悌呢？假如良知本体明净无尘，不被任何私欲所隔断，则自然能"致"此良知于父母兄长，而行孝行悌，这就是"知行合一"。所以以良知是知，致良知是行；良知是本体，致良知是功夫；阳明"知行合一"的学说，实际是从"致良知"而来[1]。

王阳明"知行合一"学说的重点其实在于强调"德行"的重要性，所以他总是劝人在意念发动时，就要切切实实地去恶存善，从而实现道德意识、道德修养与道德行为的统一。他常以力行策励后进，他曾对门人说："你们听我讲格物致知，天天如此，即使讲一二十年，也还是如此。你们听了以后，必须切实用功，才会有所长进，否则只是空话一场，又有什么用处呢？"（参见《传习录·黄以方录》）王阳明不但教人要这样身体力行，而且他自己在一生中的每一阶段，总是迸发整个生命的热情，从力行实践中去追求他人生的理想；他的德行、学问和政治上建立的事功，便足以证明他已充分发挥了"知行合一"的精神。

总之，王阳明的"心即理"说，主张良知就是天理，因而推衍成"致良知"的学说；于"致良知"以后，进而增进为道德修养和道德实践功夫，则主张"知行合一"；三者是前后一贯、密切联系的。后来，他的学生钱绪山曾将王阳明一生诲人的教言归

1　王熙元等著：《中国历代思想家：宋明》（三），第45页。

纳成四句偈语："无善无恶是心之体，有善有恶是意之动，知善知恶是良知，为善去恶是格物。"这就是"天泉证道"著名的四句教，又称四句诀。这四句教精辟深刻，儒家经典《大学》"正心、诚意、致知、格物"的功夫，全在其中，而且确能概括王阳明学说的精义。

第七章

明末清初之德

一、是非无定论

李贽（1527—1602），初姓林，名载贽，中举后改姓李，号卓吾，别号温陵居士，福建泉州晋江人。明末思想家、文学家、教育家。嘉靖三十一年（1552），李贽在福建乡试中举，之后做过二十多年小官和三年云南姚安知府。李贽家境贫寒，靠友人接济度日，两女一儿都不幸夭殇。明神宗万历七年（1579），他愤然辞职，从此脱离仕途，流寓湖北，寄居好友耿定理处，后定居湖北麻城龙潭湖上芝佛院，削发为僧，著书讲学。他猛烈抨击道学的虚伪，宣传人性自私，讲求功利，追求个性解放、思想自由和男女平等。他的思想在当时产生了强烈影响，当他在龙潭讲学时，从之者达几千、几万人。因此，他遭到封建统治者的打击和诬陷，明神宗万历三十年（1602）以"敢倡乱道，惑世诬民"罪被逮捕入狱。次年，七十六岁的他在狱中不甘凌辱，以剃刀自刎而死。

李贽著述颇丰，流传甚广，主要著作有《藏书》《续藏书》《焚书》《续焚书》。李贽生活于明代商品经济较发达的资本主义萌芽时期，他的伦理思想反映了时代的呼声，具有明显的早期启蒙思想特征，是中国早期启蒙思想的先驱。

"德"字出现于殷商时期，本义是指天德、天命，并表现为外在的礼仪规范。随着时代的发展，德被赋予了新的内涵，逐步演化为表示人的品性与精神品质。随着专制主义中央集权的出现和不断强化，德不免被注入了迎合统治者维护封建统治需要的内容，德的内涵出现了扭曲和固化的现象。到了明清时期，由于商品经济的发展和社会风气的变化等种种原因，出现了一股思想解放潮流，人们开始重新探索和定义德的内涵。李贽便是其中之一，因其思想比较激进，被当时的人们称为"异端"。他对德有着自己的一番见解，并对传统的德观念造成了猛烈的冲击。李贽反传统的道德观主要表现在其倡导男女平等、遵循自然人性、是非无定等方面。

1. 男女平等

男女本应平等，因为他们在人类文明的发展过程中都发挥着各自重要的作用。但传统的道德观念却认为男尊女卑，妇女地位低下，没有独立的人格，只能成为男子的附属品。《白虎通·三纲六纪》中的"夫妇者，何谓也？夫者，扶也，以道扶接也；妇者，服也，以礼屈服也"[1]，就体现了传统的男女不平等思想，并被人们

1　中国科学院哲学研究所中国哲学组编：《中国哲学史资料选辑——两汉之部》，中华书局 1962 年版，第 450 页。

认为是天经地义的。但是，到了明清时期，这种情况却有所改变，"女子胜过男子是市民们喜闻乐见的流行趣味，也是市民戏剧的主题之一"[1]。妇女的作用得到重视，"男尊女卑"观念遭到猛烈冲击，这在当时流行的《红拂记》《浣纱记》等剧本中都有所体现。而李贽作为当时有名的思想"异端"，也持有较为激进的妇女观。他主张男女平等，认为这才是符合德的，也是符合人性的。他的男女平等观具体表现为以下几个方面。

其一，女子并非不如男子。李贽在《夫妇论》中提道："夫妇，人之始也。有夫妇然后有父子，有父子然后有兄弟，有兄弟然后有上下。夫妇正，然后万事无不出于正。夫妇之为物始也如此。极而言之，天地，一夫妇也，是故有天地然后有万物。"[2]他视夫妇为所有伦理关系的根本，并将夫妇之情置于天地根本的地位。他认为，夫和妇的关系和地位，如同天和地一样相扶相依，亲密无间，不分彼此。可见，他将女子和男子提到了相对等的位置。李贽的女弟子梅澹然是曾官至兵部右侍郎的梅国桢的三女儿，她学识渊博，明朝的《万历野获编》曾称誉她"有才色"。她曾和李贽一起修行佛法，李贽对其评价道："梅澹然是出世丈夫，虽是女身，然男子未易及之。"[3]梅澹然虽为女身，但男子不一定能赶得上她，谁说女子不如男子呢？李贽在《初潭集》中记载了二十五位

1 许苏民：《李贽评传》，南京大学出版社 2006 年版，第 18 页。

2 李贽著，陈仁仁校释：《焚书·续焚书校释》，岳麓书社 2011 年版，第 157 页。

3 李贽著，陈仁仁校释：《焚书·续焚书校释》，第 298 页。

备受他赏识的妇女的事迹，其中包括深谋远虑的孙策夫人吴氏、手刃李寿为父报仇的赵娥、教子远嫌不授人以鱼的孟仁之母、临危不惧处变不惊的赵匡胤的姐姐、才华横溢的蔡文姬、气节凛凛的王昭君等，"此二十五位夫人，才智过人，识见绝甚，中间信有可为干城腹心之托者，其政事何如也"[1]。女子也可以有超人的智慧与才干，也是值得人们坦诚相待、交付真心的人，为什么就卑微不如男子呢？可见，李贽对于有才华的女子评价很高，这是他对传统妇女观的颠覆。李贽还一反通常的看法，对武则天大加赞扬，认为武则天是女中豪杰，"胜高宗千倍，中宗万倍矣"（《藏书亲臣传》卷五十五）。李贽不仅在理论上提倡先进的妇女观，并且落实到了他的实际行动中。在他的妻子黄氏死后，他曾作《哭黄宜人》六首、《忆黄宜人》两首。他曾与妻子举案齐眉四十年，不曾反目过，他这一生只有一位妻子，从未纳妾。他身体力行地践行了他的男女（夫妻）平等观。

其二，女子也可学道。中国古代社会一直流行着"女子无才便是德"的观念，理学更是提出了"妇人见短，不堪学道"的说法，认为妇女见识短浅，不能够学道。这里的道不仅仅是指简单的读书、识字，而且是指更深层面的道理和大智慧，比如如何治理国家这样的"道"被认为只能为男子所学。对此，李贽在《答以女人学道为见短书》中说道："故谓人有男女则可，谓见有男女

1　李贽：《初潭集》，中华书局 2009 年版，第 26 页。

岂可乎？谓见有长短则可，为男子之见尽长，女子之见尽短，又岂可乎？"[1] 人可以有男女之分，见识可以有长短之分，但是要说男子见识长、女子见识短，这就不合理了。"大道不分男女"，男女身份并不是区分见识长短的标志，女子也可以学道，也可具有大智慧，不应仅限于读书识字来学习那些所应遵循的纲常礼教。同时，李贽还教授女弟子，上文中提到的梅澹然就是他的女弟子，这在当时社会中引起了人们强烈的批判与质疑。此外，他还经常与梅家的其他女眷通信，谈论佛学。李贽的《观音问》就是他与梅家女眷讨论问题的一本通信集。

其三，赞成寡妇改嫁。在中国古代传统观念中，寡妇改嫁被认为是不守妇道的一种现象。随着宋明理学的提出，对寡妇改嫁现象的批判更为严重。二程认为，"饿死事极小，失节事极大"，寡妇就应该守节，从一而终。而李贽却赞同寡妇改嫁，他提出，男子尚可三妻四妾，女子在失去丈夫后为什么就不能再去追寻自己的幸福呢？他在《初潭集》中摘录的两个小事例充分体现了他赞同寡妇改嫁的思想。一件事是庾亮在儿子死后赞成儿媳妇改嫁，称"贤女尚小，故其宜也"，李贽评论称"好"！另一件事是王戎的儿子死了，王戎却不让儿子的未婚妻出嫁，致使这位女子至老未嫁。李贽对这种残忍行为十分愤慨，骂道："王戎不成人，王戎大不成人！"（《初潭集·丧偶》）同时，李贽不仅对勇于追寻自

1　李贽著，陈仁仁校释：《焚书·续焚书校释》，第108页。

己爱情而与人私奔的卓文君大加赞赏，而且自己还以身示范。他的继子死后，他提出要让儿媳妇改嫁，并鼓励儿媳说："汝妇当更嫁，汝子是吾孙。汝魂定何往？皈依佛世尊。"[1]这是他对传统妇女观的反叛与挑战。

2. 遵循自然人性

李贽反对道学，据说每当遇到向他请教的道学先生时，他就会一甩衣袖，说还不如带着歌姬舞女，喝酒作乐。有麻城县里的秀才带着青楼女子来见他，他说这也比与道学先生待在一起强。他认为，道学导致了当时"无所不假""满场是假"的社会风气。他在《三教归儒说》中的"阳为道学，阴为富贵，被服儒雅，行若狗彘然也"[2]，深刻地揭露了道学表里不一、言行不一的丑陋面目。针对道学的种种弊端，李贽提出了"童心说"。"夫童心者，真心也"[3]，童心就是真心，孩童是单纯自然的，说真话，不昧心而行。我们做人也应该保持这样一颗童心，遵从内心真实的思想情感，求一"真"字。如果失去了童心，就失去了真心，失去了真心，就失去了"真人"。"童心说"是李贽道德观的核心思想，主张自然人性论，认为人性无善恶之分，做人做事顺人性而为即可。

其一，人必有私论。在中国古代的传统社会中，儒家是否认"人皆有私"的，当时盛行的是重义轻利、存理灭欲、克私为公的

---

1 李贽著，陈仁仁校释：《焚书·续焚书校释》，第643页。

2 李贽著，陈仁仁校释：《焚书·续焚书校释》，第584页。

3 李贽著，陈仁仁校释：《焚书·续焚书校释》，第172页。

道德理念，倡导人们要做到"廓然而大公"。宋明时期，理学盛
行，理学大力鼓吹"存天理，灭人欲"，"正如有的研究者所指出，
宋明理学的'天理人欲之辨'的实质，实际上是'公私之辨'：
'天理'是公，'人欲'是私。所谓'存天理，灭人欲'就是破私
立公，破人欲之私而立天理之公，狠斗私字一闪念"[1]。但人性中到
底有没有私呢？答案是显而易见的。李贽在《藏书》中提道："夫
私者，人之心也，人必有私而后其心乃见；若无私，则无心矣。"[2]
他认为，人是有私心的，它是自然人性中的一部分；如果没有私，
就没有心了。他还举例论证了人皆有私，比如说种庄稼的人，因
为想着秋天自己有个好收成，所以才很卖力地耕田施肥；研究学
问的人，因私心想着学识会使自己进步，所以才会努力地读书学
习。由此可见，人不仅有私心，而且私心在个人与社会的发展中
具有重要的作用。为了进一步说明人皆有私，李贽还提出，人们
崇拜的大圣人也是有私心的。他说："虽有孔子之圣，苟无司寇之
任，相事之摄，必不能一日安其身于鲁也决矣。"[3]孔子若是没有官
做的话，恐怕在鲁国一天也待不下去，这难道不是私心吗？可见，
圣人也有私心，因而"无私之说"皆为"画饼之谈"。既然人都有
私心，那么追求合理的私人利益也不应予以否定。他说："夫欲正
义，是利之也；若不谋利，不正可矣。吾道苟明，则吾之功毕矣；

1　许苏民：《李贽评传》，第 344 页。

2　陈蔚松，顾志华译注：《李贽文选译》，巴蜀书社 1994 年版，第 220 页。

3　李贽著，陈仁仁校释：《焚书·续焚书校释》，第 220 页。

若不计功，道又何时而可明也。"[1]在李贽看来，正义、明道就是用来谋求利益的，否则，还有什么用处呢？他还认为，汉儒之首董仲舒之所以"明灾异"，就是为了避免灾害，谋求利益的。因此，他感叹道："且夫天下曷尝有不计功谋利之人哉！"[2]同样，在《道古录》中，他也提出，即使是圣人也是有"势利之心"的，也是谋求私人利益的。在李贽的观念里，私心、追求合理的私人利益都是自然人性中的一部分，我们应该正视它，遵循人性。李贽的这一思想对当时的传统观念造成了猛烈的冲击。

其二，提倡个性自由发展。嘉靖三十五年，李贽为了养活家人，选择去做官，任河南共城县的儒学教谕。在做官的很长一段时间里，李贽每天过着忙于繁琐之事、日日奔逐、形如一个聋哑人的生活。他的个性在沉重的官场氛围下备受压抑，几乎丧失了自我，得不到自由发展。万历八年，李贽在姚安府的任期满三年后，虽然当时升迁很有希望，但是他却要求辞官退休。他辞官后并没有回到故乡泉州，而是漂流在外。他说是因为他平生不爱受人管束，小时候受家人管束，长大入学后受师父的管束，弃官回家就要受本府本县公祖父母的管束。管束使得他非常痛苦，因此他宁愿漂流在外也不愿回家。他辞官却又不回故乡的举动体现了他不想要拘束，想要自由发展自己个性的迫切愿望。

李贽认为，宋明理学的发展压抑了人性，三纲五常束缚了人

1　陈蔚松，顾志华译注：《李贽文选译》，第 221 页。

2　李贽著，陈仁仁校释：《焚书·续焚书校释》，第 328 页。

的个性，人们基本没有个性自由可言：臣子要服从皇帝，儿子要服从父亲，妻子要服从丈夫。因此，他主张应自由发展个性。他说："夫道者，路也，不止一途；性者，心所生也，亦非止一种已也。"[1]道路不止一条，个性由心生，也不止一种，不同的人有不同的个性，"一物各具一乾元"，不同的世界万物有不同的性情，怎么能够做到彼此都一样呢？孔子提出要"克己复礼"，这里的"礼"是指礼法，是用来约束人们行为的法条，每个人都应遵守。但是，在李贽看来，"礼"应是由人们内心发出的，是自然的，可以使人们的性情得到自由的释放与发展，而不是外在的强加在人们身上，限制约束人们的个性。他说："盖由中而出者谓之礼，从外而入者谓之非礼；从天而降者谓之礼，从人得者谓之非礼；由不学不虑、不思不勉、不识不知而至者谓之礼，由耳目闻见、心思测度、前言往行、仿佛比拟而至者谓之非礼。"[2]在"尊德性"的问题上，以往的传统观念认为要遵循礼法而行，李贽却有着自己的观点。他认为，要做到"尊德性"，可以经世，也可以出世，可以刚强，也可以柔和，人们可以根据自己的性情自由自主地选择每个人的道路；圣人只能"任之"，不可以强求人们都做到一样。在社会发展中，对于不同个性的人，应"各从所好，各骋所长，无一人之不中用"[3]；对于贪财的人给他俸禄，趋炎附势的人给他爵

1　李贽著，陈仁仁校释：《焚书·续焚书校释》，第 152 页。

2　李贽著，陈仁仁校释：《焚书·续焚书校释》，第 176 页。

3　李贽著，陈仁仁校释：《焚书·续焚书校释》，第 44 页。

位，有能力的人让他做官，才学较高的人委以重任。不问出身，使每个人跟从自己的爱好，发挥自己的长处，各得其所，遵从自然人性，自由发展个性，这样的世界才是丰富多彩的。

3. 是非无定

儒家思想是中国古代社会的主流思想，而作为儒家思想的创始人孔子也处于被尊崇的地位。汉代以后，儒家思想逐步成为统治者用来维护封建统治的正统思想。随着专制的不断强化，出现了将孔子过度神化的现象，并且以孔子的是非标准为判断标准的风气盛行。统治者试图通过强化孔子学说的权威，来加强对人们思想文化领域的控制。朱熹就曾说过"天不生仲尼，万古如长夜"。李贽却不赞同这种看法，认为这是有违人性发展的。每个人的性格、经历以及生长的环境都是不同的，对于事情的看法自然不同，为什么要使每个人不顾自己真实的意愿而以孔子的是非为标准呢？他对以孔子之是非为是非提出了尖锐的讽刺和批判。他说："人皆以孔子为大圣，吾亦以为大圣；皆以老、佛为异端，吾亦以为异端。人人非真知大圣与异端也，以所闻于父师之教者熟也。父师非真知大圣与异端也，以所闻于儒先之教者熟也。儒先亦非真知大圣与异端也，以孔子有是言也。……儒先臆度而言之，父师沿袭而诵之，小子瞢聋而听之，万口一辞，不可破也；千年一律，不自知也……至今日，虽有目，无所用矣。"[1]经过千年的固

---

1 李贽著，陈仁仁校释：《焚书·续焚书校释》，第628页。

化，时至今日，人们皆以孔子的是非为是非，已经不具备辨别是非对错的能力了。他认为，"是非无定论""人之是非，初无定质；人之是非人也，亦无定论"[1]，人们的是非标准是没有绝对确定的结论的，这是对传统伦理道德的绝对性抨击。

　　同时，李贽还认为，是非标准并不是一成不变的，而是随着时间的流逝、时代的发展不断变化的；昨天的"是"到了今天可能变成"非"，而后天又变成"是"了，又怎能以孔子的是非标准作为万古不变的真理呢？他在《童心说》中提到，被人赞美的《六经》《孟子》中的大部分话都不是圣人所说的，即便是出自圣人之口，也不过是"因病发药，随时处方"罢了，都是相对于具体的问题和环境而说的，不能够成为万世之至论；"咸以孔子之是非为是，故未尝有是非耳"[2]，如果都以孔子的是非标准为标准的话，那么人间就没有是非了。李贽说，他自己从小读《圣教》却不知圣教是何物，尊崇孔夫子却不知道孔夫子为什么值得尊重，"所谓矮子观场，随人说妍，和声而已"[3]，这也是对当时社会上盲目崇拜孔子的现象的讽刺。值得注意的是，李贽反对以孔子的是非标准为标准，并不是反对孔子本人，而是反对将孔子过度神化，盲目尊崇孔子，从而压抑了人性，限制了思想自由发展，违逆自然人性。

1　陈蔚松，顾志华译注：《李贽文选译》，第190页。

2　李贽著，陈仁仁校释：《焚书·续焚书校释》，第328页。

3　陈蔚松，顾志华译注：《李贽文选译》，第570页。

李贽的德思想是他所生活的时代的产物，同时也对当时的社会产生了巨大的影响。在当时的社会，李贽被视为"异端"。在李贽流寓麻城时期，他削去了自己的头发。他说自己落发的一个原因是家中的人时时盼望他回去，又时常不远千里来找他，用世俗之事来强迫他，因此他削去了自己的头发来表示自己不肯回去、再也不理会凡尘俗事的决心。他出家而食肉，身居佛堂而挂孔子像，挂孔子像而又批判孔子思想，他的思想与行为是对传统封建理学的反叛与斗争。李贽的德思想在一定程度上颠覆了传统的道德观。他的男女平等观、人必有私说、提倡个性自由发展等思想为"德"注入了新的生机与活力，对传统观念造成了猛烈的冲击，使人们对"德"有了一个新的认知。李贽的德思想具有思想启蒙作用，促进了人们的思想解放。尽管当时的统治者一再打压李贽，烧毁他的书籍，然而他的思想与著作却一度在民间流传，以至于出现了"海以内无不读先生之书者"的情形。不仅如此，李贽的德思想对后人也有一定的影响，这在五四运动时期部分先进知识分子以他的"不以孔子是非标准为标准"的观点与当时的尊孔复古逆流作思想斗争上有所体现。时至今日，我们仍可以从李贽德思想中探寻到对当今社会的道德建设大有裨益的观点。

二、天下兴亡，匹夫有责

顾炎武（1613—1682），原名绛，字忠清；明亡后改名为炎武，字宁人。明清之际著名的学者、思想家。江苏昆山亭林镇人，学者称其为亭林先生。顾炎武出身于江东望族，明末家道中落。少时深受嗣祖顾绍芾的影响，关心现实民生，注重经世学问。十四岁取得诸生资格后，入复社，与复社名士纵论天下大事，反对宦官擅权。二十七岁时乡试落第后，他断然弃绝科举之道，发愤钻研经世之学，遍览历代史乘、郡县志书以及文集、章奏之类，辑录撰述。明亡，清兵南下，昆山城破，嗣母王氏绝食而亡，留下勿仕清廷的遗言。顾炎武深受感动，以复明为志，积极参加昆山抗清义军，败后漫游南北。在游历过程中，他遍历关塞，曾四谒孝陵、六谒思陵。顾炎武律己极严，身处逆境而不颓废，刚正不阿，坚毅不屈，一生誓不与清廷为伍。清廷特邀他入明史馆，他严词拒绝，其气节令清廷都敬畏不已。顾炎武阅历深广，学问渊博，在经学、史学、哲学、地理学、音韵学、金石学等学术领域均有很深的造诣，作为清代学术开山之祖，被推为"开国儒宗"。顾炎武首倡"经世济用"的"实学"，以"明道""救世"为其学术宗旨，批判当时儒者附庸老庄、禅学和陆王心学等"空虚之学"，揭开了启蒙思想的序幕。顾炎武的德思想包括"天人合德"的道德本体论、"知耻清廉，重厚耿介"的道德修养论和"匹夫有责"的爱国精神。其德思想重道德践履、重风俗教化，体现了鲜明的"实学"特色。

1. 天人合德

顾炎武继承先儒"究天人之际"的哲学理路，从天道到人道，以天道论人道，论证了天地的性质和人的性质具有内在的一致性；天道与人道相互沟通、相互感应，建立了"天人合德"的道德本体论。

天道代表了宇宙天地的根本规律和特性。顾炎武借鉴《中庸》"诚者，天之道也"的观点，认为天道的根本性质是真实无妄，诚之道"天下雷行，物与无妄"（《日知录》卷六），人道顺承天道，体现了天道，与天道相适应、相沟通。人之性命本源于天，"此天之所命，而人受之为性者也"（《日知录》卷六），从天赋予人的角度讲是"命"，从人受之于天讲是"性"，二者实为一，人继天命而成性。天道至诚，人承继天道形成了至诚的善性。顾炎武认为，天之"诚"道决定了人性的根本内容；子女之孝、臣子之忠、丈夫之贞、妻子之信等这些德性，都是由天命所赋予的，是天命在人身上的体现；德性源于天命，强调德性是人无所逃于天地的必然之性，也是人之为人的必然的责任与归宿，人必须在生命过程中不断彰显和提升德性，才能"成人"。[1]顾炎武认为，不仅德性本源于天，人应遵循的礼仪制度也源于天。"天命有德，五服五章"（《日知录》卷六），天赋予人以"动作礼义威仪之则，以定命也"（《日知录》卷六）。这些礼仪制度从外部规范引导人的行为，使人"动容周旋中礼者，盛德之至也"（《孟子·尽心下》），人内在的德性在动作礼仪上达到充分的彰显，内心之"盛德"表现于外在的

---

1 参见尉浩：《中国早期启蒙思想家"德"论之研究》，山东大学硕士学位论文，2005年，第25页。

"中礼",人之性命得以完美体现,这就是"定命"。人的德性的承继和实现是在具体的日常伦理生活实践中完成的,人的生活与实践由之也具有了神圣的必然性,尽人事即可完成天命。顾炎武说:"夫子之教人文、行、忠、信,而性与天道在其中矣。"(《日知录》卷七)"文""行"是言动中礼,"忠""信"是德性,天命蕴含于人的德性之中,体现于人日常言动之上;德性源于天道,体现了天道,与天道合一,故天人合其德。

顾炎武在主张人具有源自天道的善性时,又肯定人们的私和欲的存在,认为人的私和欲具有一定程度的合理性。他认为,人皆有"自为之心",此自为之私心乃人之"常情",因为天下之人都具有关怀自己的家庭、偏爱自己的孩子的性情。此常情为人心所固有,是任何人都不能免除的。因此,顾炎武认为,私心之情是必然存在的,并且具有合理性,只有超出了常情的引起怨恨的非分之欲才是应该革除的。他赞同孟子即情而显性的观点,认为人的性情是可以为善的,至于那些不善的,不能归罪于他的本性。常情是内心自发的活动,自身本善,因而与性直接同一,成为人伦得以确立的基础,"五品之人伦,莫不本于中心之仁爱"(《日知录》卷六)。私心之情与至善之性合而为一,天人合德才具有了新的启蒙的含义。他不像宋明理学家那样讲玄之又玄的道德"境界",主张"存天理,灭人欲",他反对那些不切合实际的道学说教,而是只给最普通的人们预设了一个"行己有耻"的道德底线,即不是从"至善"的道德理念出发,而是从现实存在的人性的实际和社会生活的实际出发，来探讨切实可行的伦理道德规范。

2. 知耻清廉

针对当时的社会现实，顾炎武对儒家的知耻清廉思想进行了补充和发展。"耻"即羞耻感、羞恶心。孔子提出"行己有耻"，认为士人立身行事必须有羞耻心，有自我要求，懂得自我约束，任何行为都不能越分。一个人只有懂得羞耻，才能自省自勉，奋发图强，故孔子说"知耻近乎勇"(《礼记·中庸》)。孟子认为，羞耻心植根于人的本性，"无羞恶之心，非人也"(《孟子·公孙丑上》)。孟子说，人不可以没有羞耻心，不知羞耻的羞耻，是真正的无耻！管子进一步提出，"礼义廉耻"是支撑国家大厦的四根大柱子，如果有一根断裂，国家大厦就要倾覆。欧阳修则进一步发挥，认为礼义是教化人的根本大法，廉耻是人安身立命的基本节操。一个人不廉洁，则无所不取；一个人没有羞耻感，则无所不为；人如果到了这种地步，那么灾祸、失败、逆乱、死亡就自然会到来；如果身为国家大臣而无廉耻，什么东西都取，什么事都做，那么天下必然混乱，国家必定灭亡。

顾炎武在此基础上，更强调"耻"之于个人及国家的重要性。他认为，"耻"是为人之本，是做人的根本原则和要求，"士而不先言耻，则为无本之人"(《亭林文集》卷三)。他说，一个人之所以违犯礼义，不廉洁自律，做出种种不合乎道德的事，一个重要原因就在于不知耻。而没有羞耻之心，就会背离道德，干出丑恶之事，给身边的人和整个社会带来不良影响，甚至使国家蒙受灾难和耻辱。因此，顾炎武强调，礼义廉耻之于国，固然缺一不可，然而"耻"对于维护国家秩序尤具根本意义。因为国家政权的稳定必须依赖于社会秩序的稳定，而稳定的社会秩序是以国民遵守反映这种社会秩序要求的道德行为规范作为保障的，离开了这种道德行为，国家的社会秩序就难以得到维持。然而，国民对礼义规范的遵守必须以他们内在的自律精神作为主观条件，这种自律精神就是人的羞耻心，即自我意识到做了违反礼义规范的不廉之事，从而使自己蒙受声誉损失所产生的自觉无地自容的羞愧感和自责其情欲不正、行为不当的悔恨感。为人如果没有羞耻心，那就会不知自我克制地放纵自己的情欲，不知自我收敛地放任自己的贪求行为，这样就不可避免地会做出违反礼义规范的不廉之事。如果普通百姓毫无羞耻心，其毫无节制的贪求行为将会危害社会的治安秩序，使国家陷入罪犯猖獗的深渊；如果士大夫毫无羞耻心，其毫无自我节制的贪求行为将会严重危害国家的政治秩序，使国家陷入腐败的深渊。所以顾炎武特别强调士大夫的行为对国家政权的影响，认为"故士大夫之无耻，是谓国耻"（《日知录》卷十三）。

顾炎武看到一些士大夫只会空谈，甚者寡廉鲜耻，卖身求荣。面对清军势不可挡的铁蹄，一些"识时务者"跪倒在侵略者的脚下，甚至连东林名士、文坛领袖钱谦益也低下了他那曾经高贵的头颅。在顾炎武眼中，这些无耻的行径，无异于政治卖淫。顾炎武认为，明朝的执政者之所以无力应对农民起义军和后金国军队的双重打击而最终蒙受亡国之耻，根本原因就在于明末士大夫无耻。"士大夫之无耻，是谓国耻"，是顾炎武通过探究所总结出来的明朝之所以亡国的一条历史教训。按照这个观点，所谓"四维不张，国乃灭亡"可归结为"耻维不张，国乃灭亡"。

顾炎武认为，要解决社会中人们普遍存在的"无耻"的问题，特别是解决"士大夫之无耻"这一"国耻"问题，首先要进行教化。他在《日知录》中引用罗仲素的话说：教化是朝廷首先要做的工作，廉耻是士人应有的优良节操，风俗是对人们影响重大的天下大事。朝廷重视教化，士人才会有廉耻；士人有廉耻，天下才会有良风美俗。其次，要在社会生活中画一条"行己有耻"的道德底线。顾炎武认为，圣人之道的一个重要方面即为："行己有耻"。他说，做人首先要知廉耻，"耻"就是不以自己破衣粗饭为"耻"，而是以担心别人不能受己恩惠为"耻"。"行己有耻"就是努力培养自己的德行，以使自己能够知道什么是差耻。顾炎武把"德"的核心看作耻，"知耻"，就应修德养才，去除私欲；如果有才无德，则缺少立人起码的"根基"；所以只有德才兼备，以身许国，才能为天下百姓谋利益。

顾炎武不仅在理论上倡导人们要知耻清廉，而且还身体力行。他本来的名字叫顾绛，字忠清；清灭明之后，他特地改名叫顾炎武，字宁人，显示出崇高的民族气节。清兵进攻昆山时，遭到全城军民的英勇抵抗，城陷后，清军大肆屠杀，顾炎武因陪同嗣母住在常熟之语濂泾，幸未遇难。但他的生母何氏被清兵砍折右臂。

不久，常熟也沦于清军之手。顾炎武的嗣母王氏，闻变后即愤而绝食。她临终时，叮嘱顾炎武说："我虽然是个妇人，但身受国恩，无以为报，只能为国殉葬，也是应尽的道义。只要你不做异国的臣子，我就可以瞑目于地下了。"嗣母为国捐躯的凛然大义，以及临终遗言，对顾炎武后半生的影响很大。从此，他非常重视自己的操守和气节，严于律己，操行正直，身处逆境，自强不息，直至咽下最后一口气，始终没有在清朝做过官。

3.重厚耿介

顾炎武不仅"贵耻"，而且重视"重厚"和"耿介"的道德品质。重厚意谓持重而敦厚，是指严肃庄重、不轻薄浮夸。他批判"夸毗""体柔"之人明哲保身，"与世沉浮"，而明末"丧乱之所从生，岂不阶于夸毗之辈乎"（《日知录》卷三）。所以当他看到世道衰微、人才不振时，便更加赞同孔子与扬雄的观点。孔子说，君子举止不庄重，就没有威严；态度不庄重，学习的知识学问就不巩固。西汉著名学者扬雄说："言轻则招忧，行轻则招辜，貌轻则招辱，好轻则招淫。"（《扬子法言》卷三）意思是说，言语轻浮会招致忧患，行为轻薄会招致罪过，举止轻浮会招致羞辱，爱好轻薄会招致淫邪。为人宜自重，处事宜沉着，这样才容易获得别人尊重，避免由于自己的过失而招致各种烦恼与不幸。顾炎武完全同意这种观点，并且提出士大夫子弟不宜读《世说新语》，因为读的人往往没有学得隽永，倒先变得简傲，所谓"画虎不成，反类犬也"。由此，顾炎武提出，国家要重用持重而敦厚的人，慎用轻率、浮躁之人，这是社会移风易俗的关键问题。

顾炎武认为，一个人要想在腐败的社会风气中保持特立独行的节操，除了坚持重厚的品性，还必须具有"耿介"的品格。耿介是正直、刚正不阿，不为流俗所动摇，具有独立的人格。国家的独立之根柢在于个人的独立，要"保邦于未危"，必须从提倡个人的独立人格开始。顾炎武在《日知录》中说道："读屈子《离骚》之篇，乃知尧舜所以行出乎人者，以其耿介。同乎流俗，合乎污世，则不可与入尧舜之道矣。"（《日知录》卷十三）他认为，尧舜所以能出类拔萃，成为千古圣贤，就在于他们具有耿直的品质，不与世俗同流合污；如果和世俗同流合污，绝不可能成为像尧舜那样的名垂千古之人。顾炎武引用唐代大诗人白居易和宋代罗点的话，对当时官场中的阿谀逢迎现象进行了严厉批评。白居易说："官员以沉默保住官位为明智，以柔顺安身为贤能，而把敢于挺身出来讲真话的人视为狂愚，把正直守道的人视为顽固而不开窍。所以，朝廷上很少有敢说话的人，也很少有勇于承担责任的人。这种习气从国到家蔓延开来而成为风俗，所以父亲教导其儿子说：'不要太正直了，以免树立仇敌。'兄长教导弟弟说：'不要太正直了，以免招致悔恨。'保守沉默作为心中的准则，国家政事就会废坏；强毅果断之心没有了，害怕失去利益和因循的性格也就养成了。反过来还说那些忠于职守、正直的人，是不合时宜的；那些执行国家正常法度的官员，是不懂得事情可以变通。所以无论是最坏还是最好的文章，所记的都不是事实；官吏考核升降的制度，虽然有却不能执行。"宋代的罗点说："不说对与不对，被认为是做人得体；与社会风气随波逐流，被认为是做人有度量。大家都不说，你一个人说，就被认为是沽名钓誉；大家都贪污，你一个人不贪污，就被认为是标新立异。"顾炎武认为，这两人对官场坏习气的批评是很中肯的，也是他所处时代官场恶习的生动体现。他说，等到谄言拍马风气大盛，刚强正直风气消亡，朝廷多的是争权夺利之辈，读书人都同流合污；如果任其这样下去，不改变风俗，就一定会使整个国家的人都变为卑躬下气、花言巧语的佞人。

顾炎武认识到，要改良社会风气，促进社会和谐，关键在于整顿官风。只有为官者既讲求礼义廉耻，又能够做到重厚耿介，才能使整个社会形成清明的社会风气。南朝裴子野以清正著称，他曾明确提出了官员选拔的标准，顾炎武非常赞同他的观点，并将其视为圭臬。裴子野说，对官员考察要从这些方面进行：在家看他对父母兄弟是否孝顺友好；邻里乡亲是否赞赏他的诚信；进入社会看他的志向抱负；面对忧患祸难时看他处理问题的智谋；用繁重的工作事务考察他的才能；用利益的诱惑考验他是否廉洁。顾炎武认为，对官员从孝友、诚信、志义、智慧、才能、廉洁六个方面进行考察，选拔出来的官员才会做到知耻清廉，重厚耿介。

4. 匹夫有责

顾炎武道德思想中最为著名的无疑是他的爱国思想。作为爱国者的顾炎武，至今仍然备受中国人民的赞誉和敬仰。他的"天下兴亡，匹夫有责"的精神也让我们感受到他对祖国的热爱与责任，而他也将这种爱国精神贯穿于其一生。同时，顾炎武明确提出了"亡国"与"亡天下"的区别。当明朝已经灭亡、清朝刚刚建立之时，顾炎武认为明朝灭亡仅仅是换了一个皇帝，这叫"亡国"；但是清朝的统治是要更换原来的生活方式和思想文化，这叫"亡天下"。他号召人们不必为某个皇室的兴亡而战斗，而要为民族的存亡而战斗。这一思想的提出具有跨时代的进步意义，也成为激励中华民族不断奋进的精神力量。

崇祯十七年（1644）五月，清军进入北京，江山易帜，正朔顿改。当此国家民族危亡的历史关头，顾炎武创言"天下兴亡，匹夫有责"，毅然走出书斋，投身到反清复明的洪流之中。顾炎武认为，死节并非难事，活下去有时更难，但也更有意义。因此，人不应该将杀身成仁作为唯一的选择，因为还有更重要的事必须去做。于是，他积极投身于抗清活动之中，风尘仆仆，四处奔走。在抗清斗争风起云涌的时候，他所进行的抗清斗争，正是其爱国精神的具体表现。

崇祯十七年，李自成起义军攻破北京，崇祯帝朱由检在煤山自缢后，留都南京的明朝官僚于五月拥立福王朱由崧为帝，建立弘光政权。为抵御清军南下，弘光朝廷兵部尚书史可法招兵买马，部署兵力。顾炎武一度寄希望于南京弘光政权成中兴之业，在前往南京的途中，击楫中流，意气风发。但希望很快破灭。清顺治二年（1645）农历五月，清兵攻占南京，弘光帝随即被俘。六月，昆山军民公推原狼山总兵王佐才为主帅，原昆山知县杨永言为监纪，起兵抗清。顾炎武回到昆山，与挚友归庄、吴其沆，以及朱柏庐的父亲朱集璜、岳父陶琰等当地士绅协力守城。顾炎武的胞弟顾缵奋不顾身，登上城楼，持橄指挥，成为引人注目的白衣小将。顾炎武的夫人王氏也加入为战士缝补衣服的行列。两年后，顾炎武的族叔顾咸正因参加抗清活动被捕，在南京就义。顾咸正的两个儿子顾之遴、顾之逵也因掩护抗清志士被捕，随后被清军杀害。国家的劫难、家族的破碎，更激发了顾炎武的爱国情怀，也铸就了顾氏阖家深明大义的典范。

此后，顾炎武带着推翻清朝的爱国思想奔走于山东、北京、河北、山西和陕西一带，到处宣传爱国思想，号召人们收复失地，推翻清朝。为了实现自己的爱国抱负，他奔走于江南各地，寻求各种社会力量的支持，结交各种反清义士。虽然顾炎武的种种活动都没有获得成功，但他的爱国主义活动和他倡导的"天下兴亡，匹夫有责"精神对当时许多中国人产生了积极的影响，推动了各地的反清斗争。

在一系列反清斗争失败后，顾炎武开始致力于各种实际问题的研究，并不断地宣传爱国思想。他认为，研究和治学的目的就是要"经世致用"，为中华民族做出实际的贡献。他主张，知识和学问要"明学术，正人心，拨乱世，以兴太平之事"。他经常告诫他人，读书人要学一些切实有用的东西，如地理天文之事、农牧水利之事、历代兴亡之理等等。他还提倡读书人要树立爱国主义思想，要为国家之强盛去刻苦奋发，艰苦奋斗。他特别强调，读书人不要把功名利禄之事看得太重，要做国家中兴的有用人才，而不做功名的奴隶。他认为，读书人要切记以"天下兴亡，匹夫有责"这样的爱国意识去立身行事。顾炎武身体力行地践行了自己所倡导的思想。他虽然出身于宦绅之家，但从不贪图享受，不计利禄，多次拒绝清政府的封官许诺，勇敢地反对黑暗专制的封建王权。

顾炎武一生致力于救国救民的爱国理想。为了寻求救国救民的真理，他一生不辞劳苦，亲历了无数山川险关，考察人民生活，接触地方实际，宣传自己的社会改革观和爱国主义理想。他的做学问要重"经世致用"的思想，"为文须有利于天下"的思想，特别是他倡导的"天下兴亡，匹夫有责"的爱国主义思想，都是值得我们继承发扬的宝贵精神财富。

三、继善成性

王夫之（1619—1692），字而农，号姜斋，湖南衡阳人。因晚年隐居衡阳石船山，被称为船山先生。王夫之生长在"天崩地坼"的明清之际，其思想带有极深的时代印痕。他出身于书香世家，自幼聪明好学，饱览儒家经典。四岁时，王夫之就开始跟随比他大十二岁的伯兄王介之读书，到七岁时，就已经读完了"十三经"。到十岁时，王夫之开始跟随父亲学习经义，阅读古今经义数万篇。在叔父王廷聘的指导下，王夫之十六岁时开始学习声韵，读了大量的诗歌，十九岁时开始读史书，二十岁时游学于岳麓书院，阅览大量书籍。二十四岁那年，王夫之在乡试中取得名次，却被席卷全国的农民起义阻断了去北京会试的道路。在刻苦读书的同时，王夫之并不像其他儒生那样"两耳不闻窗外事，一心只读圣贤书"，他十分关心时局的动荡，对结社也有很大的热情。从岳麓书院求学开始，王夫之先后参加和组织了"行社""匡社"和"须盟"，结交了很多好友，在结社活动中展现了匡扶社稷的志向。1643年，张献忠率农民起义军攻至衡阳，慕名相邀，王夫之"自刺肢体"以示拒绝。清兵南下后，他开始投身于反清复明的斗争之中。他最初在衡阳一带举兵起义，因势单力薄而惨遭失败。后王夫之投奔明永历政权，目睹永历朝廷昏庸腐败，深感振兴朝廷无望，故重回故乡，潜心学术研究，力图从思想理论方面总结明王朝兴衰的历史经验，为反清复明、振兴民族作理论的准备。

王夫之思想渊博，著作宏富，学术成就甚高，内容涉及哲学、经学、历史学、宗教学、政治学、伦理学、教育学、文艺学等各个领域，成为与黄宗羲、顾炎武并称的"明末清初三大家"。其代表著作有《周易外传》《读四书大全说》《思问录》《张子正蒙注》《读通鉴论》《黄书》《尚书引义》等。王夫之建立了一个庞大的学术思想体系，德思想是其中的重要组成部分之一。王夫之在对前人的德思想系统总结的基础上，提出了许多新的见解，对中国伦理思想的发展作出了重要贡献。

1. 乾坤其德

王夫之继承先秦道家和儒家传统，认为德源自宇宙本原的道，德是天地从道中所获得的本质属性，是天地运动变化发展规律的体现。王夫之认为，作为宇宙最高实体的道（他有时称之为"太极"）创生了天地，故而天地具有体现道之特性的本质属性，即为"德"。他说："夫道之生天地者，则即天地之体道者是已。故天体道以为行则健而乾，地体道以为势则顺而坤，无有先之者矣。体道之全，而行与势各有其德，无始混而后分矣。"（《周易外传》卷一）在王夫之看来，宇宙万事万物所具之德可概括为两种，一是《周易》里"乾"卦所具之至健之德，一是"坤"卦所具之至顺之德。他说："凡卦有取象于物理人事者，而'乾''坤'独以德立名。"（《周易内传》卷一）"言天下之至健者，唯'乾'之德行也；天下之至顺者，唯'坤'之德行也。"（《周易外传》卷六）可见，至健、至顺分别是"乾""坤"之德的本质特征。王夫之又认为，"乾""坤"之德的属性源自阴阳二气，"乾者阳气之舒，天之所以运行。坤者阴气之凝，地之所以翕受"（《周易内传》卷五）。乾坤并建，阴阳二气相互作用、相互渗透，万事万物由此而产生；而乾坤所具有的至诚真实的健顺之德，正是阴阳二气德性的体现。因此，王夫之说："阴阳实体，乾坤其德也。"（《张子正蒙注》卷九）

同时，王夫之认为，宇宙万物无时无刻不处于运动变化之中，这种变化并非一种简单的重复，而是一个新旧更替的过程。但是，作为体现天地之本质属性及天地运动变化发展规律的"德",却具有永恒性和绝对性,是永恒不变的。他说:"天地之德不易,而天地之化日新。今日之风雷,非昨日之风雷,是以今日之日月,非昨日之日月也。"(《思问录·外篇》)又说:"变者其时,常者其德。"(《周易外传》卷六)而且,自然万物的运动变化和发展规律,即天地之德是客观的,是无声无息、不依人的意志为转移的。天地之德在运动变化中生化了万事万物,而天地之德之所以能够成为万物敦化的根本,原因就在于它具有阴阳二气相合的不测之"神"。王夫之说:"至诚,实有天道之谓;大者,充实于内,化之本也。惟其健顺之德,凝五常而无间,合二气之阖辟,备之无遗,存之不失,故因天地之时,与之同流。有实体则有实用,化之所以咸通也。阴阳合为一德,不测之神也;存神以御气,则诚至而圣德成矣。"(《张子正蒙注》卷二)又说:"神者,乾坤合德,健以率顺,顺以承健,纲缊无间之妙用,并行于万物之中者也。"(《周易外传》卷六)阴阳相合之妙用为"神",二气相互推移,相济相成,构成了万事万物生化、运动、发展的内在根源,也即天地乾坤之德。

2.继善成德

王夫之认为,人原于天,受命于天;天以其生生之德不仅生成人的形体、秉质,也赋予人以先天的道德理性,"得,谓得之于天也。凡物皆太和缊缊之气所成,有质则有性,有性则有德"(《张子正蒙注》卷五)。王夫之说:"健顺合而太和,其几必动,气以成形，神以居理，性固具足于神气之中。天地之生人物，人之肖德于天地者，唯此而已矣。"（《张子正蒙注》卷一）"太和"是乾坤二气的合气，也即健顺二德的合德。太和缊缊之气生成了人的形体，气中所含的变化莫测之规律（智慧）则给予人以理；人性正是在气与神理（智慧）的合力作用中形成的。如果说太和之气是人性得以生成的物质基础，那么太和之气中所蕴涵的神理（智慧）则是人性内在的道德理性的精神源泉。可见，王夫之认为，性是人与生俱来的，得于天而内在地具有了太和之气的德性，"德者，得也。有得于天者，性之得也"（《读四书大全说》卷六）。

王夫之认为，人性中所蕴涵的先天的德性是通过对天的继承而形成的，是全善的，即所谓"继善成德"，"继善而得其性之所固有曰德"（《张子正蒙注》卷三）。王夫之主张，人与天具有理气上的一致性，天是至善的，理气是善的，因而人性是善的；人之善性的内在凝聚即为德性，外在的表现即为德行；可见，人的德性归根结底是天命赋予的，是对天道的继承而形成的。天命即为天道，德性即为人道，人性实际上是天道与人道的中介。天命既然赋予人之善性，那么就规定了人之所应具有的德性，也规定了人所当为的正当法则和规范，即为人之道。这样的人道是人所必须遵行弘扬的。因此，王夫之认为，修德行德是天赋予人的职责，人道必须从属于天之道，人必须以不息的进取完成天赋的使命，从而达至自身德性与天合德的境界。否则，人违背天道至善之本性，不保持、涵养自身的德性，德行有所亏，做出违反人道之事，必然辜负天地之大德，亦不足以为人。

　　人要保持继天善之德性，须要重视对自身天赋德性的存养和涵养。王夫之认为，心是人德性存养的载体和处所，要存养人之德性，就需要涵养人心；只有这样，德性才能显发而为德行。"德者，得于心也。得于心者有本，则其举天下也，任无不胜。"（《读四书大全说》卷六）王夫之认为，人之德性的具体内容主要包括仁义礼智四德。他从天德与人德的一致性出发，提出元亨利贞是天之四德，与天德对应，仁义礼智是人之四德。仁义礼智四德不是耳目口体之性，而是人之善性之体现，是根之于心的，这一主张与孟子相同。他说："固有仁义礼智之德存于中，而为恻隐、羞恶、恭敬、是非之心所从出。"（《读四书大全说》卷八）王夫之认为，仁义礼智四德有其内在的联系和统一性。仁为德之本，其形上根据是元德为天德之首，"元者，统大始之德，居物之先者也"（《周易外传》卷一）。既然仁德为人德之首，那么修德也应以诚心诚意修仁为本。义为德之据，"德主天而行主义"（《周易外传》卷六），义是践行人道的根本原则，而义的根本原则的制定和形成则又以仁为体，义实为仁的发用流行，仁之德性纯熟能使人道无不合于义的要求，"仁所以立义之体，仁熟则义自正矣"（《张子正蒙注》卷五）。反之，敦厚于义也能促使德性增进，"义精而德崇矣"（《张子正蒙注》卷二）。仁义合于理，则是尽人之性以合天理。理者，礼也，合于礼是仁义的极致，"故复礼为为仁之极致，心之德，即爱之理也"（《张子正蒙注》卷五）。王夫之认为，智在仁义礼智四德中具有重要地位，仁凭借智方能知爱之真谛，礼凭借智方能知敬让之节，义凭借智才能知制之宜，信凭借智方能知诚之实。可见，智统四德，在四德中处于核心位置。人们只有具有智慧，方能真正做到其他四德，故"君子之智以知德，仁而不愚，礼而不伪，义而不执，信而不谅，智可以周行乎四德而听四德之用"（《张子正蒙注》卷七）。王夫之强调智在德性中的知能作用，这是天道"健顺知能之道"的体现。王夫之主张，以仁为阴，智则为阳，"以阴阳之分言之，则仁者行之纯，阴之顺也；知者知之明，阳之健也。以阴阳之合言之，则仁者阴阳静存之几，知者阴阳动发之几也；皆性之所有，而道之所全具者也"（《周易内传》卷五）。智的知觉作用使人对自身德性的存在和提高以及对人道的遵行与奉守有着清醒的察觉和自省，使人的视听言动更具有自明性和主动性[1]。

与孟子不同的是，王夫之还认为德性中应包含情，因为人性是情生发的根源，甚至好恶之情本身就是德性。他说，"情亦以为德"（《读四书大全说》卷五），"好善恶恶，德性也；领者，顺其理而挈之也"（《张子正蒙注》卷三）。情生于性是从性上言情，性之纯善保证了情在来源上纯正的性质；情是人心天然的偏好，顺着心之理引导情，便能使情的流行合于当然之理。作为其他身体器官天然偏好的欲，属于生命存在的基础需要，虽然不属于德性

1　尉浩：《中国早期启蒙思想家"德论"之研究》，山东大学硕士论文，2005 年，第 34 页。

范围，但只要"声色臭味之则与仁义礼智之体合一于当然之理"，使生命绵延不息的生生之德正是厚生与正德的统一，身体器官的欲望亦合于当然之理[1]。

3. 性日生日成

在作为德之理论基础的人性论上，王夫之提出了独具特色的"日生日成"的人性论。如前所述，与大多宋明理学家一样，王夫之也主张人性本善。他认为，善是性之本体，无恶是性之发用，因而性无不善。至于人性善的根据，他也和大多儒家代表人物一样，认为人的善良本性源自天道，首先有天道的善，然后才有人性的善。因此，王夫之提出了"继善成性"的理论。他倡导的"继善"，就是人道之性继承天道之善，从而构成了人的善良本性。

然而，与正统宋明理学的人性观不同，王夫之的人性观不排斥"声色臭味"等自然欲望。他认为，人性中包含"欲"与"理"两大要素，二者的有机结合就是人性。他说："盖性者，生之理也。均是人也，则此与生俱有之理，未尝或异；故仁义礼智之理，下愚所不能灭，而声色臭味之欲，上智所不能废，俱可谓之为性。"（《张子正蒙注》卷三）宋明理学家认为"性即理"，认为只有仁义礼智之理才是性，而人的物质生活的欲望是不包含在人性之内的。而王夫之认为，不仅仁义礼智之理是性，而且声色臭味之欲也是性。二者都是人性的不可缺少的部分。可见，王夫之坚

1　尉浩：《中国早期启蒙思想家"德论"之研究》，山东大学硕士论文，2005年，第33页。

持认为，人的道德观念与感性欲求皆可以谓之性，他力图从自然属性与社会属性的统一、从人的物质属性与精神本性的统一来探讨人性。这一见解，就突破了传统的以人的社会道德属性或者以自然物质属性为人性的片面观点。

王夫之不仅把性视为自然生理属性与仁义礼智等德性的统一体，而且还将性视为与"习"相结合的建构过程，从而把人的先天善性和后天习行统一起来。王夫之指出，人性是通过社会环境、后天学习的"习"的过程而形成的，即所谓"习与性成者，习成而性与成也"（《尚书引义·太甲二》）。他说，孟子强调性，孔子强调习，性是天道，习是人道。《论语》二十篇，都是在言说习。故子贡曰："夫子之言性与天道，不可得而闻也。"（《论语·公冶长》）如若忽视习的作用，只是想求得先天性，亦是徒劳的。也就是说，性不是随着生理的发育自然长成的，而是在生活实践中日积月累养成的。人们习行善事而成善性，习行恶事而成恶性。在王夫之看来，性是有善无恶的，人却是有善有恶的。人之是善是恶，起决定作用的是"习"。他指出，人之初生，性本善良，但是由于在生活实践中情的诱惑，人失去了其固有的善性。王夫之这种从"性"与"习"的统一建构过程来考察人性的观念，就突破了那种将人性视为静止而凝固不变的传统观念。

同时，王夫之又认为，人性随着人类生活的变化而变化，它是"日生日成"的。他说："形日以养，气日以滋，理日以成；方生而受之，一日生而一日受之。受之者有所自授，岂非天哉！故天日命于人，而人日受命于天。故曰：性者，生也。日生而日成之也。"（《尚书引义·太甲二》）这是说，人禀阴阳二气以生，人生成之后，才有感觉思维活动。人性不是先天具有的，随着年龄的增长，人性也不断地发生变化。人性为人的生理活动、生命延续。一个人从幼而少，少而壮，壮而老，每日每时，都在"受命成性"，如果不时刻都在"受命成性"，那么初生时所受之性就要忘了。由于人性是人的生理活动、生命现象，是后天日积月累而形成的，所以也不是一成不变的，通过后天学习培养，是可以改变的，"性屡移而异"。可见，人性是随着人的"饮食起居，见闻言动"（《太甲二》）等后天的生活条件、学习环境变化而变化的，并不是一成不变的。因此，人性是可成可革的，可以损益更改的。王夫之强调人性是后天形成的，可以改变的，这种唯物主义因素是有其合理之处的[1]。同时，需要指出的是，王夫之这里讲的人性主要还是人性情方面的内容。

总之，王夫之主张性善论，具有先验道德的思想倾向。但是，由于他强调"成性"是道德主体"善端见而继之不息"的后天能动作用，认为人"继之则善矣，不继则不善矣"，这就从另一个方面肯定了人的善良本性是一种后天努力的结果。尤其是他强调人性是一种"性"与"习"的建构过程，而"习"则是人的后天社会环境的习染、影响的结果；它既可以使人为善，也可以使人为

1　李书增，岑青，孙玉杰，任金鉴：《中国明代哲学》，河南人民出版社2002年版，第1719页。

恶，即所谓"人之皆可为善者性也，其有必不可使为善者习也，习之于人大矣"（《读通鉴论》卷十）。因此，王夫之的性善论主张，并没有导致那种依赖先验道德、忽视道德教育的倾向。相反，由于他的人性思想的核心是"性日生日成""习与性成"的观点，因此，比起其他儒家思想家而言，他显得更为重视德育对人性的改造，对道德人格的培养所产生的重大作用[1]。

4. 尚志重学

王夫之在阐明德之内涵、内容的基础上，对具体的修德方法进行了探讨和阐发，提出了尚志重学的修养方法。

王夫之认为："人之所以异于禽者，唯志而已矣。不守其志，不充其量，则人何以异于禽兽哉！"（《思问录·外篇》）他把"志"亦即人的独立人格和尊严作为人与禽兽的本质区别。他面对国破家亡的残酷现实，深感"廉耻风衰，君师道丧"的世道黑暗，发挥孟子"人贵有志"的思想，提出正志是入德之门和为人之本的观点。他说："六者以正志为入德之门，以存心立诚为所学之实……故学者以大心正志为本。"（《张子正蒙注》卷四）"六者"指善、信、美、大、圣、神。王夫之发挥了张载注重"志仁则无恶也"的思想，强调以正志为入德的门径，把立志作为为人的标准，把树立正确的志向作为学习的目标，把高尚的节操作为人生的必备品格。何为"志"呢？他说："志者，事所自立而不可

1　陈谷嘉，朱汉民：《中国德育思想研究》，浙江教育出版社1998年版，第766页。

易者也。"(《张子正蒙注》卷四）在他看来，"志"是经过学习而培养出来的坚定不移的志向或意志。他认为，应该立"以身任天下"的"无私之志"，即"志于道"，确立对"道"的坚定信念和志向，如此才能"正意"；因为"意"是因一时感动而产生的欲念、意见或动机，或善或恶，属于"私"，一旦付诸行动，就不是刑罚所能匡正的。而如果志向端正，乐于坚持，那就能自觉去改正不纯的欲念和动机，所以"志正而后可治其意，无志而唯意之所为，虽善不固，恶则无不为矣"(《张子正蒙注》卷四）。而且，如果一个人的"立志"，既能"立之于己"又能"施之于天下"，那么，所产生的道德威力，不仅可使人"虽乱而不与俱流"，保持人格的尊严，不为流俗所移而同流合污，甚至可以安定天下，达到"欲乱天下，而天下犹不乱"。倘若到了"权不自我""势不可回"的时候，则能使人至死不动摇自己的志向、丧失自己的人格，做到"身可辱，生可捐，国可亡"，而"志不可夺"。这种思想既体现王夫之这位身罹国难而不失民族气节的爱国志士的气节和情操，同时也揭示了德性的积极作用[1]。

王夫之非常重视学习，旨在以学问促进德性。具体说来，就是以"格物""致知"作为"入德"的方法，以"道问学"促"尊德性"，即通过对道理的认识和掌握促进德性的提升。他认为，通过研究学问以提高理性，是提升德之修养的一个重要的步骤和阶段。

1　孙鼎国主编：《世界人学史》（第二卷），河北人民出版社 2003 年版，第 340 页。

格物致知之学的目的和作用在于明理，明理则能抑制欲望，使德性明朗，提高道德品质。他说："学者用神而以忘形之累，日习于理而欲自遍，此道问学之所以尊德性也。"（《张子正蒙注》卷三）道问学本身即以尊德性为依据和指归，知性学问的增长能促进道德理性的提升，同时道德理性为知性之学问提供方向的指引。王夫之把道问学与尊德性有机结合起来，使学问在道德修养中成为重要的步骤与方法之一[1]。王夫之"以书嫁女"的做法就体现了这一思想。

有一年，王夫之大女儿要出嫁，按当时社会风习，只有给女儿以贵重嫁妆陪嫁，才能显出一个人家的气派；反之，就会被人看不起。王夫之的女儿也很关心嫁妆问题，眼看婚期一天天逼近，家里还没做任何准备，她心里不由得发急，但又不好催问。后来，有几位热心的邻居到王夫之家来询问嫁妆办理情况，看是否需要帮忙。王夫之笑着拱手说："谢谢大家关心，女儿的嫁妆已经办齐了。"转眼女儿的婚期到了，门口看热闹的人很多，迎亲的花轿也来到门前。这时，王夫之不慌不忙打开自己的书柜，捧出一个红彤彤的小木箱，亲手交给女儿，郑重其事地说："这就是我给你准备了多年的嫁妆。"小木箱里装的是什么呀？在场的人都想弄个明白。一位老太太实在憋不住了，借帮着拿东西的机会，翻开箱子一看，"呀！我以为是什么宝贝，原来是一些书册和稿纸"。人们唧唧喳喳地议论起来，女儿不由得伤心地哭了。这时候，王夫之

1　尉浩：《中国早期启蒙思想家"德论"之研究》，山东大学硕士论文，2005年，第35页。

朝众人摆摆手，走到女儿旁边，语重心长地对女儿说："好闺女，哭什么？你可别看轻了小箱子里的东西，这些书册，是为父一生研究的成果；这些稿子，是为父呕心沥血的结晶，它会教你怎样做一个有骨气、有品行的人。世界上什么金银宝贝也比不上有用的知识啊！"女儿听了父亲的话，心里忽然亮堂了起来，连忙擦干眼泪，捧上红漆木箱向父亲告别后上路了。

四、唯实德论

颜元（1635—1704），字易直，又字浑然，号"习斋"，人称"习斋先生"，直隶博野县（今河北省安国市东北）人。中国明清时期杰出的哲学家、进步启蒙思想家和平民教育家；明清之际反理学思潮的重要代表，"颜李学派"的创始人。颜元的父亲颜昶，自小过继给蠡县朱九祚作养子，后因不堪忍受朱家虐待，于明朝末年颜元四岁时，随清兵逃往关外。六年后，颜元的生母王氏又改嫁他人，因此颜元的童年是十分孤苦的。他二十四岁时，因养祖父摊上官司，后家境衰落，全家由蠡县县城回乡下刘村居住，从此全家生活全靠颜元维持。他亲身耕田灌园，辛勤劳作，生活十分艰苦。虽然吃得不好，也觉得很甜美，而且身体更加强壮，不认识的人根本不会知道他家穷困。虽然生活在艰苦的环境中，但是他仍旧勤勉地求学，和同乡的彭士奇共同研究天文、地理和兵略。颜元十九岁时中秀才，二十岁以后发愤攻读经世之学，遂弃举业。二十四岁时开馆授徒，名其斋曰"思古"，自号"思古人"，并于此时读《陆王语要》，好陆王书。二十六岁时读《性理大全》，笃信程朱之学。三十四岁时遭养祖母之丧，他按《朱子家礼》服丧，疏食少饮，哀毁过甚，几致病死。后有人告诉他，说他并非朱家子弟，这使他震惊万分。等养祖父死后，他便返回本乡，改姓归宗，时年三十九岁。五十岁时，颜元曾赴关东寻父，历经两年，备尝艰苦。时父已殁，葬沈阳附近韩英屯，他招魂奉主御车而归。五十七岁时南游中州，历时八个月，走了两千余里，拜访河南诸儒，宣传其注重实学、实习的教育主张。六十二岁时主讲河北肥乡漳南书院四个月，制定规章制度，设文事、武备、经史、艺能等科，规模甚宏，弟子数十人，最著名者为李塨。不久，漳水泛滥，书院堂舍悉被淹没，颜元不得已告辞归里。七十岁临终时，嘱门人曰："天下事尚可为，汝等当积学待用。"（《颜习斋先生年谱》卷上）颜元长期生活在农村，参加过一些劳动，比较接近社会下层。他为学重实学、习行，因此，他的德思想也体现出鲜明的实学特色。

1. 阴阳流行而为四德

颜元认为，德首先体现为物质世界的运动、变化和发展规律，具体来说就是阴阳二气的流行变化规律。他说："左阳也，右阴也，合之则阴阳无间也。阴阳流行而为四德，元、亨、利、贞也。"（《颜元集·习斋记余》卷六）他自注："四德，先儒即分春、夏、秋、冬，《论语》所谓'四时行'也。"（《习斋记余》卷六）

他认为，世间万物皆源于气，气有阴阳之分。阴阳流行而为四德，即所谓元、亨、利、贞。元、亨、利、贞不仅是春、夏、秋、冬四时化行之气，而且是阴阳二气运动的机理。他认为，理气不可分，四德作为物质基础与运行机理的紧密结合，本身就是"理气融为一片"的聚合体，具有了创生万物的基质和本原，因此具有生化万物的功能，"化生万物，元、亨、利、贞四德之良能也"（《习斋记余》卷六）。这里的"良能"是指天生固有的属性及其功能。阴阳二气是构成宇宙的基本材料，是"天道"所固有的。阴阳二气不停顿的运动产生了元、亨、利、贞四德。而元、亨、利、贞四德的"良能"产生了万物与人类。可见，天道、二气（阴阳）创生万物的"良能"依赖于四德相互之间无穷的变化而实现，"德惟四而其变十六，十六之变不可胜穷焉"（《习斋记余》卷六），"四德之理气，分合交感而生万物"（《习斋记余》卷六），正是在元、亨、利、贞四德复杂的"分合交感"中，大千世界得以形成[1]。

德亦是人的本质及其关系的凝结和体现。颜元认为，人作为世界的一部分也是二气四德的产物，"二气四德者，未凝结之人也；人者，已凝结之二气四德也"（《习斋记余》卷六）。不仅如此，人的德性、性情也是元、亨、利、贞四德在人身上的体现，仁、义、礼、智和恻隐之心、羞恶之心、辞让之心、是非之心都是元、亨、利、贞在人身上的不同体现。他说："存之为仁、义、

---

1 尉浩：《中国早期启蒙思想家"德"论之研究》，山东大学硕士论文，2005年，第38页。

礼、智，谓之性者，以在内之元、亨、利、贞名之也；发之为恻隐、羞恶、辞让、是非，谓之情者，以及物之元、亨、利、贞言之也；才者，性之为情者也，是元、亨、利、贞之力也。"(《习斋记余》卷六) 这是说，人性中所固有的仁义礼智之德性，是元、亨、利、贞四德在人身上的凝结。情是四德的外在表现，即人与外物相交往时四德的自然流露。才是人性表现为情的内在机制，即人之四德流行、外显的能力。性为人的本质，情为性的表现，才则是这种表现力。颜元还提出了人"配德于天地"说，论证了人的内在德性以及一系列外在的人伦道德规范都是元、亨、利、贞四德作用的结果。他认为，仁配德于天地之元，人具有仁爱之心，因而慈爱惠物，表现于人伦之中，则是父子相亲；义配德于天地之利，人有正义之心，才能方正处事，表现于人伦之中，则是君臣有义；礼配德于天地之亨，人有礼让之心，则能恭敬辞让，表现于人伦之中，则是长幼有序；智配德于天地之贞，人有理智之心，则能是非不迷，表现于人伦之中，则是夫妇有别；信配德于天地之太极，人有诚信之心，则能至诚无妄，表现于人伦之中，则是朋友有信。所以说，人的内在德性与作为天地性质与规律的四德具有内在一致性。可见，颜元认为，人的根本性质是二气四德内在于人而形成的仁、义、礼、智，仁、义、礼、智表现于父子、君臣、长幼、夫妇等人伦关系中就是亲、义、序、别等具体道德规范。人的四德、四伦分别配于天地的元、亨、利、贞四德，朋友一伦的信德则配于太极。

颜元认为，德作为标志人的本质的范畴，其根本特点是正直、自然。他说，"明德"之德从"直、心"，是虚灵不昧之心的正直、自然表现，因此不虚假、不矫揉造作；应当爱的就自然去爱，应当敬重的就自然敬重，应当明察、决断的就当机立断；这就是说，德就是人性本来就具备的理性，能够适应万事万物。可见，颜元认为，德就是人自然而发的、正直的直觉反应；非此，一旦迟疑、犹豫，则心有杂念渗入，邪恶的欲望使光明的本心受到了遮蔽而不能呈现出明朗的德性。明德表征了人心的本然状态——自然而然的明朗与圆润，明德直指人心之本体、人性之本真。因此，颜元说："心也，性也，明德也，一也。"（《颜元集·朱子语类评》）明德的具体内容是明察人的仁、义、礼、智之德性源自天，是人的本性中所固有的；见父知孝、见兄知悌的德性，是人遵循善的本性自然而然生发的。因此，颜元强调，人心本明，人性本善，善行和德行是人性自然而然的体现；恶仅仅来源于欲望对本心的遮蔽，使灵明之德无法彰显。

2. 倡"实学"，重"习行"

颜元倡导"实学""习行"，认为"身实学之，身实习之，终身不懈者"（《存学编》卷一），是排除"隐蔽习染"而成就理想人格的必由之路。颜元坚决反对宋明理学家那一套离事离物的"空疏无用之学"。他认为，掌握这样学问的人，一旦遇到实际问题便束手无策、人心惶惶，在国家危难之时便只会"愧无半策匡时难，唯余一死报君恩"。颜元认为，社会真正需要的是"实才实德之士"，而成为真正被社会所需要的"实才实德之士"必须具备两方面的能力：一是智能，即学习知识的技能和办事情的能力；二是德能，即修身养性，提升德性，具有以德服天下的能力。因此，颜元上溯周孔之学，在道德修养方面提出了以六德、六行、六艺为根本内容的"明明德"之学，将德育的内容全部设置为关乎国计民生、能对国家有用、能够促进社会发展的"实学"，致力于培养"实才实德之才"。

颜元所谓的实学，就是指来源于实践并用于指导实践的实际有用的学问，也即"明明德之学"。颜元明确提出，"明明德之学"即"所谓三事、六府、六德、六行、六艺之学是也"（《颜元集·习斋记余》卷九）。可见，他认为实学的具体内容包括尧舜的"三事""六府"之道，周孔的"三物""四教"之学。据《尚书·大禹谟》载，"三事"即正德、利用、厚生，是人事所当为；"六府"乃水、火、金、木、土、谷，是财用之所从出。可见，"三事六府"是关系国计民生的学问，是尧舜所奉行的治国化民的大道。颜元认为，"六府"可以作为"三事"的条目归纳于"三事"中。"三物"是指"六德""六行""六艺"，据《周礼·大司徒》载："以乡三物教万民而宾兴之：一曰六德：知、仁、圣、义、忠、和。二曰六行：孝、友、睦、姻、任、恤。三曰六艺：礼、乐、射、御、书、数。"颜元认为，三物与三事名异而实同，"六德，即尧舜所为正德也；六行，即尧舜所为厚生也；六艺，即尧舜所为利用也"（《颜元集·四书正误》卷四）。"四教"是指文、行、忠、信,可为"三物"所概括,颜元认为孔子的"四教"与"三物"名异而实同。颜元说:"孔门之儒,以四教教三千人而已。文即六艺,行即六行;忠、信二者即记者隐括其六德也。"(《四书正误》卷四)颜元认为,无论是尧舜时的"三事",还是周公时的"三物",本质上都是以事物为教,这也是真正的道统的实质所在。他说:"尧舜之正德、利用、厚生,谓之三事,不见之事,非德,非用,非生也;周公之六德、六行、六艺,谓之三物,不征诸物,非德,非行,非艺也。"(《四书正误》卷四)总之,颜元认为,圣贤所传事物之教,本质在于学以致用,即学为所用,学在能用,用即所学,不在于记诵经书,而在于践行实用。"盖吾子之所谓道,即指德行兼六艺而言。所谓学,即指养德修行习六艺而言。"(《颜习斋先生辟异录》卷下)他强调,要在实事实物中进行道德教育和道德修养,并在这个过程中发挥道德的调节和教育功能。他痛斥章句之学以假道学之实毁掉了古圣之道,所以极力倡导"六德、六行、六艺"的"明明德"之学。

颜元认为,应把"六府""三事"之道作为德育的内容,为学就在于习行历练三事三物。"六德"作为德育内容的理论要求,是颜元对传统儒家德育思想的理论概括;"六行"则是"六德"在实际生活中的具体实践和具体体现,"身心道艺,一滚加功"(《存学编》卷三),要求学生德行一致。而且,颜元非常重视"六艺"的教育,"六艺固事物之功,即德行亦在事物内"(《颜元集·颜习斋先生年谱》卷上),因为在他看来"六艺"是"三事"的基础和前提，"六艺"既可以强身健体、陶冶情操，又可以锻炼人的逻辑思维能力，"六德是成德事，急难作成；六行是施为处，急难如法。先之以六艺，则所以六行之材具、六德之妙用。艺精则行实，行实则德成矣"（《颜元集·四书正误》卷三）。颜元认为，把"六艺"与"六行""六德"相结合，则可以使人身心俱修，既具备社会所需要的知识技能和强健的身体，又具备高尚的道德修养与道德情操。可见，颜元德育的一个中心思想就是"进业便是修德，学艺亦在进德"。

颜元认为，为了培养"实才实德"之士，必须以"实学"为教育内容；而要掌握巩固实学的"三事""三物"，又必须"实习之"，即通过"习行"功夫。他说，学者只需向习行上做功夫，不可只向语言文字上用力。颜元认为，"习行"是"明道""成性"的根本功夫，它比思、读、学更重要；而"习"又必须"时习"不息，如此方能成就德性。在颜元三十四岁的时候，其养祖母逝世，三天里，他不进食，一天至少哭三次。在埋葬的仪式中，颜元甚至用头去撞击棺材。颜元是循朱熹《家礼》中的规定去做的，疏食少饮，哀毁过甚，几乎病饿致死。一个朱姓老翁非常怜悯他，告知他他本非朱姓子弟，他这才开始减哀。差点儿因尊奉《朱子家礼》病饿而死的颜元，照古礼核校《朱子家礼》，发现《朱子家礼》与古礼有不合，这使他对宋明理学产生了反感。他初步认识到"思不如学，而学必以习"的道理，于是便将名为"思古斋"的家塾更名为"习斋"。这时，颜元更赞成朋友王法乾所说的"口边才说出去，内在的功夫便又少了些"。因而，他主张要时时研习，时时实践。他认为，古人求学问是用身体和气力，现在的人却是用心和眼睛、嘴巴，既耗费精神，又使身体脆弱，当然非病不可了。颜元三十七岁时开始实习《论语》所说的"居处恭"，就是日常生活中要随时随地都恭敬，一点也不马虎。而且每天都切实践行，并亲身体验"居处恭"和学静坐的差别。实习之后，颜元觉得"居处恭"和静坐实在是天差地别，因此以后力行不倦。

颜元所倡导的"习"，就是强调要在"事""物"上实际地去做，即所谓"寻事去行"，所以称"习"为"实习""实践""习行"。颜元认为，读书固然不可一概排除，但"读书特致知之一端耳"，要"致知"就必须通过"习行"。颜元举例来说明："如欲知乐，凭人悬空思悟，口读耳听，不如手舞足蹈，搏拊考击，把吹竹，口歌诗，所谓致知乎乐者，斯确在乎是矣。"（《习斋记余》卷六）学射箭就要拉弓习射，学弹琴就要亲手弹奏，只读琴谱不等于学琴，更学不会弹琴。这也像走路一样，看路线不等于走路，而那些轻视实践的人，恰是把看路线当成了走路一样，一程一程看过，觉得好像都到过了，其实一步未行。圣人之言，也只是引路，如果不重实践，则引路之言愈增愈多，而大道上的行人却越来越少。可见，颜元强调，学生只有通过实践、实习，才能获取真知，"习行"是"致知"的源泉。颜元认为，"实学""习行"的最终目的是涵养德性。故曰"手格其物，而后知至"（《四书正误》卷一），这里的"物"，主要指"六德""六行""六艺"。他说，我所以为的物即"三物"之物，而所谓"致知"，也就是"明道"。颜元认为"理在事中"，只有通过"格物""习行"，才能认识"事"中之"理"，从而涵濡性情，成就德性。他举例说，孔子一派讲究礼仪、音乐、射箭、驾御之道，可以强健人的筋骨，调和人的血气和性情，同时也能使人的道德品性进一步得到修养提高。因此，实行具有重要的意义和价值。一时实行，一时得益；一日实行，一日得益；一人实行，赐福一人；一家实行，赐福一家；一个国家，乃至全天下都是如此。从小处来看，可以防止疾病侵身；从大处来看，可以使国泰民安（参见《颜习斋先生言行录》卷下）。

另外，在其著作《习斋教条》中，颜元还对教育学生"习行"的具体内容做出详细的规定，要求学生在日常生活中做到：孝父母、敬尊长、主忠信、申别义、禁邪僻、勤赴学、慎威仪、肃衣冠、重诗书、敬字纸、习书、讲书、作文、习六艺、行学仪、序出入、轮班当值、尚和睦、贵责善、戒旷学。通过这些规定，真正培养出符合社会发展需要的"实才实德之人"。

参考文献

[1] 李玄伯 . 中国古代社会新研 [M]. 上海：开明书店，1949.

[2] 杨润根 . 发现论语 [M]. 北京：华夏出版社，2003.

[3] 郑开 . 德礼之间——前诸子时期的思想史 [M]. 北京：生活 · 读书 · 新知三联书店，2009.

[4] 王先谦 . 荀子集解 [M]. 北京：中华书局，2013.

[5] 杨伯峻 . 春秋左传注 [M]. 北京：中华书局，2009.

[6] 陈来 . 古代宗教与伦理——儒家思想的根源 [M]. 北京：生活 · 读书 · 新知三联书店，2009.

[7] 杨宽 . 古史新探 [M]. 北京：中华书局，1965.

[8] 许慎 . 说文解字 [M]. 北京：中华书局，1963.

[9] [美] 唐纳德 · J. 蒙罗 . 早期中国"人"的观念 [M]. 上海：上海古籍出版社，1994.

[10] 徐旭生 . 中国古史的传说时代 [M]. 北京：文物出版社，1985.

[11] 刘鹤丹 .《老子》思想溯源 [M]. 成都：巴蜀书社，2012.

[12] 朱熹 . 四书章句集注 [M]. 北京：中华书局，1983.

[13] 王正平. 中国传统道德论探微 [M]. 上海：上海三联书店，2004.

[14] 唐凯麟，邓名瑛. 中国伦理学名著提要 [M]. 长沙：湖南师范大学出版社，2001.

[15] 杨润根. 发现老子 [M]. 北京：华夏出版社，2003.

[16] 方勇译注. 孟子 [M]. 北京：中华书局，2017.

[17] 吴毓江. 墨子校注 [M]. 北京：中华书局，2006.

[18] 于智荣. 贾谊新书译注 [M]. 哈尔滨：黑龙江人民出版社，2003.

[19] 方向东译注. 新书 [M]. 北京：中华书局，2012.

[20] 夏汉宁译注. 贾谊文赋全译 [M]. 南昌：百花洲文艺出版社，1996.

[21] 金春峰. 汉代思想史 [M]. 北京：中国社会科学出版社，1987.

[22] 张世亮 等译注. 春秋繁露 [M]. 北京：中华书局，2012.

[23] 李宗桂. 中国传统文化探讨 [M]. 广州：花城出版社，2012.

[24] 陈瑛 等. 中国伦理思想史 [M]. 贵阳：贵州人民出版社，1985.

[25] 楼宇烈校释. 王弼集校释 [M]. 北京：中华书局，1980.

[26] 沈善洪，王凤贤. 中国伦理思想史 [M]. 北京：人民出版社，2005.

[27] 夏明钊译注 . 嵇康集译注 [M].哈尔滨：黑龙江人民出版社，1987.

[28] 郭光校注 . 阮籍集校注 [M].郑州：中州古籍出版社，1991.

[29] 马良怀 . 魏晋风流 [M].武汉：华中师范大学出版社，2014.

[30] 程小铭译注 . 颜氏家训全译 [M].贵阳：贵州人民出版社，2008.

[31] 庄辉明，章义和译注 . 颜氏家训译注 [M].上海：上海古籍出版社，1999.

[32] 刘文英 . 中国哲学史 [M].天津：南开大学出版社，2012.

[33] 刘真伦，岳珍校注 . 韩愈文集汇校笺注 [M].北京：中华书局，2017.

[34] 周敦颐 . 元公周先生濂溪集 [M].北京：北京图书馆出版社，2003.

[35] 张载 . 张载集 [M].北京：中华书局，1978.

[36] 程颢，程颐 . 二程集 [M].北京：中华书局，1981.

[37] 蔡方鹿 . 程颢程颐与中国文化 [M].贵阳：贵州人民出版社，1996.

[38] 杨倞注 . 荀子 [M].上海：上海古籍出版社，2010.

[39] 黎靖德编，王星贤点校 . 朱子语类 [M].北京：中华书局，2020.

[40] 姚进生 . 朱熹道德教育思想论稿 [M]. 厦门：厦门大学出版社，2013.

[41] 陆九渊 . 陆九渊集 [M]. 北京：中华书局，1980.

[42] 杨伯峻 . 论语译注 [M]. 北京：中华书局，1980.

[43] 王阳明 . 王阳明全集 [M]. 上海：上海古籍出版社，1992.

[44] 许苏民 . 李贽评传 [M]. 南京：南京大学出版社，2006.

[45] 李贽著，陈仁仁校释 . 焚书·续焚书校释 [M]. 长沙：岳麓书社，2011.

[46] 顾炎武撰，黄汝成集释 . 日知录集释 [M]. 北京：中华书局，2020.

[47] 王夫之 . 船山全书 [M]. 长沙：岳麓书社，2018.

[48] 李书增等 . 中国明代哲学 [M]. 郑州：河南人民出版社，2002.

[49] 颜元 . 颜元集 [M]. 北京：中华书局，1987.

[50] 梁漱溟 . 中国文化要义 [M]. 上海：学林出版社，1987.